何不树之于无何有之乡
广莫之野
彷徨乎无为其侧
逍遥乎躺平其下

赵广明　著

庄子哲学沉思

自由儒学奠基

社会科学文献出版社
SOCIAL SCIENCES ACADEMIC PRESS (CHINA)

目录

001 | 序

辩 | 齐物 015　情感 043

议 | 反观 099　物论 122

论 | 开端 157　自然 197　天下 251

序

一

那是2016年初冬的孔孟之乡，一个值得铭记的温馨日子，一个特殊的机缘，我们提出"自由儒学"这一概念。几年来，这一概念逐渐得到哲学界的重视，成为一个关乎汉语思想前途的新的可能性。自由儒学不是儒学，不是儒学的一个部分或分支，不是儒学发展的最新形态或阶段，而是哲学，是自由理性的纯粹哲学，旨在对儒、释、道、墨、法等传统诸家学说之精神进行形而上学的重释和澄明。①

之所以称为自由儒学，因自由儒学最初乃针对儒学而来，

---

① 赵广明：《自由、信仰与情感——从康德哲学到自由儒学》，社会科学文献出版社，2019，第11、12页；邓安庆：《黑格尔与自由儒学的可能性》，载赵广明主编《宗教与哲学》第10辑，社会科学文献出版社，2022。

是基于对儒家道德根基的追问而产生。近代以来，人类道德哲学的一个基本成果，是明确自由须是道德的根基，那么，自由是否也应该是儒家仁义道德的根基？如果是，自由儒学当为儒学的根本意涵；如果不是，儒家当如何应对这一追问？

儒有远超、远古于孔门和传统儒学之意。在甲骨文中，儒与大人、与作为生命之源的水、与沐浴祭祀有关，有儒帝子、儒人、儒师、子儒之称。《周礼·天官·冢宰》将儒界定为"以道得民"。可以看出在远古时代，儒已经喻示着某种神圣性和高贵性，这种神圣性和高贵性具有精神意义，可以与庄子和尼采对神圣和高贵的理解相呼应。到《说文解字》时代，儒的含义被具体界定为术士，虽然儒的地位已经有所降低，但其自古以来的关乎天人之际的基本意涵尚在。通天人之际的神圣性和高贵性，是"儒"这一概念最值得阐发的意涵，也是我们以"儒学"二字配"自由"的一个内在考量。

另外，儒学曾长期占据汉语学术文化的主流地位，"自由儒学"之名，意在凸显以儒学为哲学反思和理论批判的主要对象。这种反思批判是根基性、形而上学性的，是纯粹哲学的，是思的。

二

儒、释、道等诸家诸教之分，有其历史和理论意义，但对于哲学，这种区分没有实质性意义。哲学关注的是文化学术的根本逻辑、根本问题和根本理路，哲学的这些根本关切是通过思实现的。哲学是思的学问，思乃是哲学之为哲学的根本所在。自由儒学不是儒学，而是哲学，是思的学问。自由儒学作为哲学，作为汉语语境中的哲学之思，其根本旨趣，在于对以下问题的探讨：自己与自己的关系，自己与他者的关系，自己与绝对者的关系，自己与他者与绝对者的共同命运，以及自由与自然的关系等。在对这些问题的理解上，庄子之思，具有无与伦比的价值和优越性。

作为生命的逻各斯，哲学乃纯粹、自由之思。教哲学说汉语，是庄子的创举。这一创举中断了两千多年。

三

将"天人合一"视为中国文化思想的总根源，是中国文化对人类最大的贡献。这是钱穆先生最后的"澈悟"。[①] 作为接续弘扬汉语传统文化的一代通儒、最后的国学大师，钱穆先生这一生萦绕、临终突降的"澈悟"，耐人寻味，值得深思。

第一，钱穆先生以儒为宗，而汉语传统的天人合一思想之自觉，则来自道家的庄子。能够合道与德、道与命、天与人、齐天地万物而道通为一者，是庄子，或者说是《庄子》中称颂神经万物、充满天地之真人的仲尼。

---

① 钱穆《中国文化对人类未来可有的贡献》，载《联合报》1990年9月26日。

第二,"西方人喜欢把'天'与'人'离开分别来讲。"钱穆先生以此定论,与西方哲学、宗教、艺术、科学、政治的传统与现实恐怕相去甚远。西方的天、人有分,分而独化俱深;更有合,合而创化层进。由经验—超验,到经验—先验,在天人辩证中,自由和绝对人格得以成就。对西方文明的不甚了解或误解,将导致自我认知和判断的严重扭曲,这种现象在近代以来中国社会的各个领域一再发生,这是中国能否真正融入现代人类社会、实现古今之变的一个重要症结。

第三,人类所有伟大的文明都会以所谓"天人合一"为指归和理想,关键在于谁能将这种理想变成现实。诚者天之道,诚之者人之道,能通天人者,在一个"诚"字。诚者何也?纯粹自由之主体也,此主体个己,内有纯粹自由的思想、情感与信念,外有基于个己权益的伦理与公共秩序。就此而言,西方文明早已奔逸绝尘而去,而华夏文明古今鲜有能及者。

第四,"所谓宗教性者,指其认定人生价值,不属于个人,而属于全体大群。须此认定,而肯把自己个人没入在大群中,为大群而完成某个人。"这是钱穆先生在《国史新论》中对中国文化、儒家精神的真知灼见,其中闪耀的正是汉语文化祖传的"家国情怀",也是对天人合一思想的绝妙诠释。人在哪儿?在大群,在全体。全体在哪儿?在天下。天下在哪儿?在"普天之下……"。

回到古代,回到传统,回到家国,回到权力,还是回到自己,这是一个问题,是中国文化几千年迈不过去的一道坎儿。这是儒家、法家和极权齐心协力精心筑造的一道坎儿。儒家两千多年都难以跨越的这道坎儿，两千多年前的庄子早已一骑绝尘、逍遥而过。其关键，在于庄子以"无己"的方式确立个体的绝对先验主体性，以"观"的方式确立个体与物与他者创造意义上的和谐为二，以"唯道集虚"的方式通天人之际。儒学等传统思想需要寻根于庄子，自由儒学需要奠基于庄子哲学，理据于此。

学界对自由儒学的界定由此区分开来，区分为以自由为根据和目的的自由儒学与以自由为工具的自由儒学。以自由为根据和目的，才能真正齐物于天下，逍遥于天下。

四

西方哲学是哲学更为经典的表达方式。学习西方哲学或哲学，首先要学会思辨地考虑问题。哲学对所有文化具有普遍性意义，因为它非阴性，非阳性，也非中性，而是有其自性。谁都可以进入哲学，但哲学不是没有自己的立场，哲学代表了更为根本的生命立场，哲学本身就是立场，更为根本的立场。这种立场来自思，哲学之思。坚持哲学，就是坚持哲学之思本身。思本身至关重要。中国人研究西方哲学几百年，最大的成就，就是逐渐懂得扣住思本身，逐渐搞懂了纯粹自由之思的无比重要性。惟纯粹之思，才是自由，才是哲学、人生、历史的真正开端和根基。纯粹自由之思的缺失或遗忘，正是汉语文化传统的先天不足。

哲学与宗教，都关注绝对，都关注上帝和信仰，但各自的路径根本不同。对于哲学来说，上帝不是外在的权威，而是因我们的自由而可能。在哲学之思中，不需要上帝降临来成就我们的德福相配，成就我们的至善；相反，惟通过我们自己的方式，谋求切实的路径来达致自由与自然的和谐为二，达致德福相配和至善，如此，上帝才会降临，或者说，如此，也就如同上帝降临。哲学的方式，意味着人自己自由地谋求自己生命的神圣性和高贵性，这与宗教的方式根本不同。

同一性是哲学之思和科学精神的基础性关切，但严格来讲，由同一性难以通达上帝。康德之后，宗教信仰问题主要应该横向地思考，而不是纵向地思考。纵向是人与上帝的关系，本质上是"一"的问题；横向是人与他者的关系，本质上是"多"的问题。横向的方式，即哲学的方式，并最终是伦理的方式，超越同一，超越差异，经由 séparation（分离）转向绝对的他者，作为他人和神圣的他者。列维纳斯的伦理学，可以视为对康德道德神学的进一步阐发，是哲学之思，不是宗教信仰。而哲学之思，正是哲学的信仰，自由与思的信仰，守住自由之思，也就是守住上帝。由此而来的，是对传统（一神教）宗教信仰方式的超越。

尼采的"是"以及普鲁斯特的"一小时"，是特效药，上治神圣不朽等各种形而上僭妄症，下治各种喜怒哀怨别绪离愁，二者合流于列维纳斯的 jouissance，可视为庄子逍遥之游的千年回响。

这是黄裕生教授大作《摆渡在有—无之间的哲学：第一

哲学问题研究》》① 一书所引发的思考。黄裕生教授以其出色的哲学思辨能力和问题意识，将第一哲学的核心问题呈现出来，这关乎哲学与神学、自由与绝对的关系，这是当今学术思想界必须面对且正在面对的根本问题。这也是我与黄裕生教授商榷的焦点所在。黄裕生教授对此的回应，切中问题要害："在对自由的看重与百般强调上，我们没有分歧，但在我们是否因自由而能自足、自救这一问题上存在着分歧。哲学要坚守思想本身，这一点也毫无疑问，也是广明极为至诚而可贵的地方。于我而言，守住思想本身，同时也是朝向绝对本身的努力，是竭尽全力敞开自己，迎候晨光与闪电的准备。守住思想不是完成了的事业，而是准备着的工作。真正的哲学总是过了半途的旅行，也总还只是过了半程的旅行。"

这是自由者之间的争执。在当今语境下，自由者之间的争执，比自由者与反自由者之间的争执意义更大，因为这种争执对于哲学之思、对于国族命运更具创造性意义。问题在于，自由、思或者哲学是否自足，是否必须向绝对敞开。争执的焦点于是落在了自由与绝对的关系上。

这涉及对超越问题的理解。"超越就是超越"，这是黄裕生教授的铿锵之辞，表达的是从哲学之思向伦理神学摆渡的坚定信念，是从自由向绝对者迈进的虔敬意志。

---

① 黄裕生：《摆渡在有一无之间的哲学：第一哲学问题研究》，清华大学出版社，2019。另见黄裕生教授新作《自由与超越——基于康德哲学的一个讨论》（载赵广明主编《宗教与哲学》第10辑，社会科学文献出版社，2022），《哲学如何是神学？》（载赵广明主编《宗教与哲学》第11辑，社会科学文献出版社，2022）。

而在我看来，自由与绝对的关系，乃是自由之思的内在蕴含。思本身，含着思之道。思与所思，乃是思本身的自身澄明；思将自由与绝对及其关系，一体澄显出来。在纯粹自由之思中，纯粹之有与无是辩证为一的二，是有无之生成中实现的自我超越于绝对他者的无限性。也就是说，有、无之间的摆渡，正是发生于思中之事。这层意思，已被庄子的唯道集虚以及黑格尔的无限性所澄明。

五

21世纪初的某个春天，我们曾陪同叶秀山先生拜谒青岛康有为故居。当时有人慨言：这是西学东渐史上值得纪念的一刻。从康有为、梁启超、蔡元培、胡适，经贺麟、牟宗三、徐梵澄等，到李泽厚、叶秀山，西学东渐、中西交汇的思想脉络虽几经波折，但一直在延续。在这曲折绵延的思想脉络中，叶秀山先生何为？

叶秀山先生的成就是多方面的。戏曲理论家，书法理论家，美学家，这些称谓他都当之无愧，但真正成就他的是哲学，而且是古代希腊、近现代德国意义上的哲学。让主要说古希腊语、说拉丁语、说德语的哲学也说汉语，是蔡元培、王国维、贺麟、陈康、牟宗三、徐梵澄、苗力田、张世英、叶秀山、梁存秀、王树人、薛华等几代哲人不断努力的结果，这一成就对于汉语思想和精神的意义再高估也不为过，因为这种哲学意味着对汉语传统经验性思维方式和精神方式的重新调整与开拓。

　　自由和理性是叶秀山先生书里书外关注最多的概念，但他所澄显的自由与理性不止于一般所谓自由与理性。自由与理性是左中右人人可用、人人自道的语词，虽然作为概念，自由、理性似乎明确了某种价值取向，但仅仅概念性、仅仅知识性、仅仅经验性地加以使用和理解，并不能真正道出自由与理性的真谛，而且常常会遮蔽住这种真谛。

　　哲学之为哲学，不止于河面渐宽、河水渐深、万里奔腾顺流直下的经验，更在于逆流而上、反本溯源的先验。前者属于知识，后者属于反思，是为哲学。王弼的崇本举末，道出的正是老庄哲学的这种我们曾经有过的先验反思的哲学性。将欲全有，必反于无。只有在这种逆反之思中，才能回到思的起点，重现康德苏格拉底们的思路，重新敞开、澄明他们的思路，和他们一起去思，思入思本身中去。

　　思本身具有绝对性，无条件性。唯有思本身可以截断无尽因果的他律链条，以自己为因，自因，自律。思本身的这种自因、自律，道出的正是自由和理性的共同本质，是自由成为自由、理性成为理性的先验本质，是人世间具有终极意义的真理。在这种先验哲学之思中，人确立起绝对自发的自己，这是一切科学知识及其真理的根基，是道德与信仰的根基，是人格与权利的根基。

　　在这种终极性真理面前，一切经验与世俗的权力都是相对的、有条件的。"如果没有形而上学，那么权力就是真理"，叶秀山先生斯言，道出的正是自由理性的这种终极性先验本质,哲学的本质。他借此要宣示的,是人自由思想、自己思想的绝对权力,而回到每一个人自己的这种权力即是启蒙精神之所在。①

六

本书是以哲学释经的一次尝试,旨在接续先贤哲思,思入庄子。庄子对哲学,对自己哲学之思的意义,有充分的自觉,正是这种自觉,使其可以粪土圣王、笑傲天下、逍遥人间。这种自觉意味着汉语文明史上的奠基性时刻,将人性和天下的道德与政治秩序奠基于、复归于自然之万世根基。遗憾的是,庄子的奠基性历史意义并没有被后世所充分自觉和接续,庄子之大体,长期被天下遮蔽、遗忘。

顾景舟论壶艺创新,认为改掉古人的毛病就是创新。哲学之思则不然,去掉后人的遮蔽,澄明哲人本源之思,回归思之所以为思,回归思本身,就是创新。

澄明庄子之思,关乎庄子之事,更关乎思之事。重塑汉语文化精神基因,乃思之大事,思之天命。思并不是一般意义上的思维,而是命运本身。思可以是,也应该是决定命运的那个绝无仅有的事情。

思之哲学或形而上学,是文明的真正精神基因所在,自

---

① 赵广明:《叶秀山的哲学遗产:何以自由?如何理性?》,澎湃新闻,2016年9月10日。

由儒学的可能性维系于此。"哲学就是哲学",叶秀山先生此言,旨在强调哲学的卓异性、根基性,同时也暗示了哲学在汉语语境中的无比艰难性。也许,汉语学界还需要几百年,才能真正理解并消化"哲学"这一"古之道术"。

尽管哲学可以普适,可以千姿百态,但思有自由纯粹之洁癖,舐痔者不得,奴才者不得,投机者不得,掺假者不得。

拣尽寒枝不肯栖,抟扶摇而上者九万里。在人类命运未卜之世,除了思,还能何为?

辩

庄子哲学沉思

齐 物

列奥·施特劳斯在其代表作《自然权利与历史》的结尾这样写道:"古今之间的争执,最终,而且也许甚至是从一开始,关系到的是'个体(individuality)'的地位问题。"[1] 个体的地位问题,亦即个体与普遍的关系问题,乃是古今之争的核心问题,这是施特劳斯研究西方思想史的心得。这个心得对我们考察中国传统思想也很有帮助,可以说,这同样关乎中国传统思想古今之辨的核心问题,而这一核心问题在庄子那里已经得到比较充分的考量,并构成其齐物思想的核心逻辑。齐物思想的逻辑,体现在个体性与普遍性、共同性的关系之中,准确把握庄子的"同是"(《齐物论》)概念,以及相关的"公是"(《徐无鬼》)"玄同"(《胠箧》)等概念,是厘清这一逻辑的关键。

---

[1] Leo Strauss, *Natural Right and History*, The University of Chicago Press, 1965, p. 323.

一

《齐物论》是《庄子》的核心篇章，是庄子齐物思想的集中体现。"齐物论三字，或谓齐物之论，或谓齐观物论，二义俱通。"① 齐者，一也，同也，旨在思考万物之共同性和普遍性，章太炎将这种共同性理解为自由平等："庄子的根本主张，就是'自由'、'平等'，'自由平等'的愿望，是人类所公同的，无论那一种宗教，也都标出这四个字。"② 在章太炎看来，庄子的自由平等思想是最为彻底的，仅就平等而言，"其论与寻常论平等者不同，寻常论平等者仅言人人平等或一切有情平等而已。是非之间，仍不能平等也。庄子以为至乎其极，必也泯绝是非，方可谓之平等耳"③。

以平等释庄子齐物，应该始于郭象注庄。郭象注《齐物论》，开篇释题就直陈平等主旨："夫自是而非彼，美己而恶人，物莫不皆然。然故是非虽异，而彼我均也。"④ 自是而非彼，万物皆然，不过是非虽异，于彼于我却又是公平和平等的。可见，古今皆不乏以平等释齐物者，只是他们对平等概

---

① 章太炎：《诸子略说》，载章太炎《诸子学略说》，广西师范大学出版社，2010，第65~66页。
② 章太炎：《国学概论》，上海古籍出版社，1999，第34页。
③ 章太炎：《诸子略说》，载章太炎《诸子学略说》，广西师范大学出版社，2010，第66页。
④ （晋）郭象注，（唐）成玄英疏《庄子注疏》，曹础基、黄兰发点校，中华书局，2011，第23页。

念内在逻辑的理解不尽相同。太炎借唯识、华严，以万法唯识、物无自性而泯绝是非的逻辑支撑齐物平等；郭象则是要在是非之异中把握彼我的平等，在万物之个性中求其普遍性，在人籁、地籁、万籁之自取中求其天籁。

> 子游曰："地籁则众窍是已，人籁则比竹是已，敢问天籁。"子綦曰："夫吹万不同，而使其自己也。咸其自取，怒者其谁邪？"（《庄子·齐物论》）

人籁、地籁与天籁的关系，探讨的正是个性的地位问题，即个体与普遍的关系问题，此乃庄子齐物精神之所在。关于天籁，《齐物论》并没有给出清晰的界说，后人对这一概念的理解多有歧异。王先谦《庄子集解》中的说法是：

> 且每窍各成一声，是鸣者仍皆其自取也。然则万窍怒号，有使之怒者，而怒者果谁邪！悟其为谁，则众声之鸣皆不能无所待而成形者，更可知矣，又何所谓得丧乎！"怒者其谁"，使人言下自领，下文所谓"真君"也。[①]

每窍成声，皆其自取，但万窍怒号，须有使之怒者，这是王先谦以"真君"解天籁的逻辑，也就是说，个体有其自性或特殊性，但尚需有所待，才能成就普遍性的万籁交响曲。太炎解天籁，最后也归于"真君"，但他恰恰是要破除"有

---

① （清）王先谦：《庄子集解》，沈啸寰点校，中华书局，2004，第10页。

所待":

> 地籁则能吹、所吹有别,天籁则能吹、所吹不殊。①

人籁、地籁,能所有别,彼我有待;而天籁乃藏识,即作为心物、我法存在之本源的阿赖耶识或庵摩罗识,此识清净无漏,能所不殊,绝待无对,是为真心、真君。太炎以此真心,"为众生所公有"②,乃世间公是、同是之依止。这真心并非外在主宰,而是万物共同性和普遍性的内在根据,借用康德的话,就是个体普遍可传达性之本体论根据。

同是以真君解天籁,王先谦着眼于"或使",章太炎近于"莫为",《庄子·则阳》有言:"或之使,莫之为,未免于物而终以为过。或使则实,莫为则虚……或使莫为,在物一曲,夫胡为于大方?"

比较而言,郭象对天籁的理解,既非"或使",亦非"莫为",而是"自为""自然"。人籁箫管之类,地籁窍穴之徒,皆眼见可知之具体个别之物,而天籁深玄,不可眼见,不可认知,卒难顿悟,乃是与人籁、地籁根本不同的东西。当然,这种根本不同,并不意味着天籁可以绝缘超越,在万籁之外,而恰恰是要在不同的层面,对人籁、地籁、万籁予以奠基或肯定:

> 夫天籁者,岂复别有一物哉!即众窍比竹之属,接

---

① 孟琢:《齐物论释疏证》,上海人民出版社,2019,第38页。
② 孟琢:《齐物论释疏证》,上海人民出版社,2019,第79页。

乎有生之类，会而共成一天耳。无既无矣，则不能生有。有之未生，又不能为生。然则生生者谁哉？块然而自生耳。自生耳，非我生也。我既不能生物，物亦不能生我，则我自然矣。自己而然则谓之天然。天然耳，非为也，故以天言之。所以明其自然也，岂苍苍之谓哉！……故天者，万物之总名也。莫适为天，谁主役物乎？故物各自生而无所出焉，此天道也。①

天籁者，不是"别有一物"，不是"物"，而是"物物者"。物物者非物，亦非役物之主宰，而是人籁、地籁、万籁、万物之"自然"，自然者，自生、自在、自己而然也，非为也，天然耳。"会而共成一天耳"，郭象明确天籁乃万物之自然共成、公是，这种万物自然而然的整体和谐的普遍性、共同性秩序，即是"自然"这一概念的蕴含，这一概念的逻辑被成玄英疏为：

> 夫天者，万物之总名，自然之别称……寻夫生生者谁乎？盖无物也。故外不待乎物，内不资乎我，块然而生，独化者也。……自取，由自得也。言风窍不同，形声乃异，至于各自取足，未始不齐，而怒动为声，谁使之然也！欲明群生纠纷，万象参差，分内自取，未尝不足，或飞或走，谁使其然！故知鼓之怒之，莫知其宰。

---

① （晋）郭象注，（唐）成玄英疏《庄子注疏》，曹础基、黄兰发点校，中华书局，2011，第26页。

此则重明天籁之义者也。①

天籁的根基，在于万物之自生、独化。万物中的每一个具体存在，既不外待乎物，又不内资乎我，分内自取，各适其性，各是其是，无不自足。郭象之解，赋予每一个有情无情之个体存在以无比的尊严，"无物不然，无物不可"（《庄子·齐物论》），每一个存在都得到肯定，每一个存在都不能少！"天地与我并生，而万物与我为一"（《庄子·齐物论》），此语可助郭象之解。此"我"不仅指某些主体，而是遍指一切在体，"我"（自）生则天地（自）生，"我"（自）在则万物（自）在，天地、万物与"我"一样自生、自在，看似谁都离得开谁，实则谁都离不开谁。一方面，"是非虽异，而彼我均也"，万物平等，平等的根据，在每一个存在的自生、自在、自由、自然，即不齐而齐也；另一方面，"声虽万殊，而所禀之度一也，然则优劣无所错其间矣。况之风物，异音同是，而咸自取焉，则天地之籁见矣"②，万殊"度一"，异音"同是"，自生独化之万类又"会而共成一天耳"。

在充分的个体性之间"自然"共成一天然和谐秩序，此即齐物之道。这意味着一种基于个体自然和自由的世界秩序与社会历史秩序的诉求，这是一种自然自发的秩序，是"无

---

① （晋）郭象注，（唐）成玄英疏《庄子注疏》，曹础基、黄兰发点校，中华书局，2011，第26页。
② （晋）郭象注，（唐）成玄英疏《庄子注疏》，曹础基、黄兰发点校，中华书局，2011，第24页。

目的的合目的性"秩序,根本区别于神为或人为设计的各种秩序:

> 需要注意的是,道家所谓的"自然",不是纯粹客观的非人文的物理世界 nature,而是囊括天地万物、人类社会及个人身心的天人合一的整体世界。这个大千世界在当下被我们观察到的实存状态,是宇宙按照恍惚模糊的阴阳气化规律在亿万斯年的历史中自发生成和演进的结果,其中包括迄今形成的人类社会各种制度和文化习俗。这个大千世界之所以被称为"自然",只因为它既非神的造物,亦非某个圣人侯王有目的设计的产物;它也不是人类所能完全认识和精确解释的。迄今为止人类对这个大千世界的认知,无论达到怎样的高度,都还是管窥蠡测,因此不存在所谓的绝对真理。①

这正是西方自由派保守主义,尤其是埃德蒙·柏克所推崇的思想。在柏克那里,健全的社会秩序拒绝计划和设计,因为这种人为设计与最大可能程度的个人自由(personal liberty)不相容。国家追求的是最为纷繁各异的目标,必须尽可能少地为了别人或整体而牺牲他们中的任何一个人。必须关注个体,或最大可能地关注个体情感和个体利益。自然总是个体性的,普遍则是思维的产物,健全社会秩序的产生一

---

① 王卡:《关于道家思想与中西价值观融合的一篇读书述评》,载金泽、赵广明主编《宗教与哲学》第二辑,社会科学文献出版社,2013,第200页。

定不是由反思所指引的过程,而必须尽可能地接近自然的、难以觉察的过程。"自然性和个体的自由绽放是一回事",个人在其个体性中的自由发展绝非导致混乱,而是能够产生出最佳秩序。[①] 柏克的上述思想,其对个体之自由与自然的高度肯定,以及对基于个体自由自然而来的自然自发秩序的高度肯定,几乎就是郭象及其理解的庄子齐物思想的现代版本,柏克所说的"the best order",其最佳汉译,应该是"天籁"。

不过,将个体与普遍性之间良序关系的实现,诉诸某种自然自发性,其内在逻辑需要进一步澄显,以避免为了个体主义或特殊主义而拒斥普遍秩序和普遍价值的可能性。就柏克而言,他的基于个体自由的最佳秩序的理路,并不是一个抽象化的说辞,而是基于欧洲传统特别是英国自发性良序社会秩序和习俗的一种思考。柏克是个体自由与权利的坚定捍卫者,但这种个体权利与传统习俗风尚密不可分:

> 最确凿不过的莫过于:我们的风尚、我们的文明以及与风尚和文明相联系的一切美好的东西,在我们的这个欧洲世界里,多少世代以来都有赖于两项原则,而且确实还是这两者结合的结果。我指的是绅士的精神和宗教的精神。[②]

[①] Leo Strauss, *Natural Right and History*, The University of Chicago Press, 1965, pp. 322-323.
[②] 柏克:《法国革命论》,何兆武、许振洲、彭刚译,商务印书馆,1999,第104~105页。

换言之，与个体及其自由"自发"相关的普遍性与共同性，是欧洲传统习俗中自然、自发形成的绅士精神与宗教精神两种等级性秩序的合体。宗教精神基于上帝的选择性启示，绅士精神意味着贵族制，二者都与平等和民主有所不同。

较之柏克的现实主义，郭象似乎更具理想主义色彩，两者对观，有助于更深入地理解庄子。

二

《庄子》堪称汉语历史上最具思辨性和哲学性的文本，也是最讲究语言艺术的哲学文本。《庄子》所呈现的，不是直白的言说，而是思想的戏剧，其哲学看似须臾可及，实则草蛇灰线，在千里之外。庄子所以如此表达，一个重要的原因，是他对"知"与"言"的特质和局限有深入独到的理解。《齐物论》对"同是"的探讨，始于对"知"的思辨。

> 啮缺问乎王倪曰："子知物之所同是乎？"曰："吾恶乎知之！""子知子之所不知邪？"曰："吾恶乎知之！""然则物无知邪？"曰："吾恶乎知之！虽然，尝试言之：庸讵知吾所谓知之非不知邪？庸讵知吾所谓不知之非知邪？（《庄子·齐物论》）

所问是物之"同是"问题，即事物的齐同之理或者说普遍价值问题，旨在"所知"，却被当即反转为对认知能力本身的反思与批判，由"所知"问题变成了"能知"问题。

"你知道万物的普遍价值吗?""我哪能知道!"

"你知道自己不知道吗?""我哪能知道!"

"那么万物不可知吗?""我哪能知道!"

看似典型的一问三不知,实则寓意层层推进。先是否定我与对象之物及其"同是"的认知关系,然后否定自己和自己之间的认知关系,最后否定万物的可知性。"能知"与"所知"皆被"无知"掉,认知能力本身受到空前的挑战,而真正的问题"物之所同是"却被悬置起来。

"知"本身成为问题。接下来,庄子的意图逐渐显现:"虽然,尝试言之:庸讵知吾所谓知之非不知邪?庸讵知吾所谓不知之非知邪?""你怎么知道我所谓的'知'与'不知'是什么意思呢?"王倪的这一反问,澄显出的是对"知"与"不知"之本然关系的思考,知之为知的本质,遮蔽在"知"与"不知"的对待与是非之中。真正的"同是",应该在打通"知"与"不知"中澄明。这层意思,已经蕴含在《齐物论》开篇南郭子綦那句经典的"今者吾丧我,汝知之乎?"中。这是《齐物论》乃至整部《庄子》的奥秘所在。

按照啮缺王倪问答的逻辑,"今者吾丧我,汝知之乎?"这句话,应该有三重蕴涵:

汝知今者吾丧我乎?

汝知汝之所不知邪?

然则吾无知邪?

不管知与不知，如此问答的旨趣，尽在"吾丧我"中。郭象以"忘"解"丧"，堪称精妙：

> 吾丧我，我自忘矣。我自忘矣，天下有何物足识哉！故都忘外内，然后超然自得。①

用成玄英的话说，"岂独不知我，亦乃不知物。唯物与我，内外都忘，故无所措其知也"②。也就是说，能知、所知都"不知"，知与不知都"不知"，知与不知都把自己给"忘"掉了，在这种境智两忘、物我双绝的"此时此刻"，意识、意念、意图统统自我悬置，有意识让位于无意识，目的性让位于无目的性，人为让位于自然，心灵自然自发乎泯绝是非、超乎利害、绝假纯真、最初一念之本心。《逍遥游》所谓"至人无己"，指的当是"吾丧我"的这种生命状态和存在方式。

由此看来，庄子对物之所"同是"的思考，应该包括两个视域，一是对外在共同性和普遍性的考察，一是对物之所"同是"的主体根据的考察，借用章太炎的说法，是对"众同分心"的考察③。这两个视域，可据"吾丧我"分别称为"自我观之"和"自吾观之"。

"自我观之"，民与鳅与猨猴，三者各适其所，正处不

---

① （晋）郭象注，（唐）成玄英疏《庄子注疏》，曹础基、黄兰发点校，中华书局，2011，第24页。
② （晋）郭象注，（唐）成玄英疏《庄子注疏》，曹础基、黄兰发点校，中华书局，2011，第50页。
③ 孟琢：《齐物论释疏证》，上海人民出版社，2019，第308页。

同；民与麋鹿与蝍蛆与鸱鸦，四者各嗜其食，正味迥异；猨狙求猵狙，麋与鹿交，鳅与鱼游，毛嫱丽姬，人之所美也，四者正色不类。就此而言，万物各从其是，没有"同是"。"自我观之，仁义之端，是非之涂，樊然殽乱，吾恶能知其辩！"（《庄子·齐物论》）自我观之，即邵雍所谓"以我观物"者也，指偏于是非之一端，出乎一己自私之见，以此观物，仁义、是非、利害混乱不堪，难以公正分辨，更无"同是"可言。庄子一再抨击儒墨诸家之仁义道德危害天下，根由在此。实际上庄子是在反思道德价值的形而上学根基问题。真正的道德，不应该立于"自我观之"之是非利害，而应该植根于超是非、无利害的"同是"，而这种可为道德牢固根基的"同是"，来自"自吾观之"。

"自吾观之"，即自至人观之也。至人无己，无己者，无心虚己，无其知而任天下之自为。其神凝，应物无方，照物无情，不将不迎，无生无灭，与变为体，死生无变于己，而况利害之端乎！此即邵雍所谓"以物观物"。以物观物，即以道观物，"以道观之，物无贵贱"（《庄子·秋水》），万物自是独化，各是其是，各然其然，故需"是不是，然不然"，和之以天倪，即"和以自然之分，令归无是无非"[①]。这是《齐物论》不断强调的思想："物固有所然，物固有所可，无物不然，无物不可。故为是举莛与楹，厉与西施，恢诡谲怪，

[①] （晋）郭象注，（唐）成玄英疏《庄子注疏》，曹础基、黄兰发点校，中华书局，2011，第58页。

道通为一"(《庄子·齐物论》)。要在如何把握这种"和以天倪"和"道通为一"。揭去神话寓言的层层面纱,庄子的心迹应该是清晰的。至人之"无己",之"吾丧我",是在言说生命的某种可能性,这种可能性意味着心灵的某种状态或存在方式,是一种主体(主观)之间的普遍可传达性,关于这种主观的普遍可传达性的经典阐发出现在康德的审美判断力批判中。在庄子这里,对"同是"的考察,根本上取决于对生命的这种可能性的考察,内在的"同是",成为外在"同是"的根据。

《齐物论》的思想,在《徐无鬼》和《则阳》两篇中得以继续和深化。在《徐无鬼》中关于"公是"的对话中,庄子成为主角,庄子与惠子的关系成为关键。《徐无鬼》与《齐物论》深度呼应,除了"公是"与"同是"的呼应,还有"南伯子綦隐几而坐"与"南郭子綦隐机而坐"的呼应等,值得深察。

> 庄子曰:"射者非前期而中,谓之善射,天下皆羿也。可乎?"惠子曰:"可。"庄子曰:"天下非有公是也,而各是其所是,天下皆尧也。可乎?"惠子曰:"可。"庄子曰:"然则儒、墨、杨、秉四,与夫子为五,果孰是邪?(《庄子·徐无鬼》)

这里的惠子,很像注庄的郭象,倾向于万物的自然独化或各是其所是,庄子却不这么想,"同是"、"公是"、共同目标、普遍价值,是他一直在思考的核心问题。各是其是的人籁、地籁、万籁，如何"公是"天籁？没有天籁，万籁是否还是万籁？在个体与普遍之间，到底是一种什么关系？这种关系如何可能？这是庄子哲学的主旨。

以阳召阳，以阴召阴，并不意味着"公是"，不过是鼓宫宫动，鼓角角动，同声相求而已！"或改调一弦，于五音无当也。鼓之，二十五弦皆动，未始异于声，而音之君已"（《庄子·徐无鬼》）。虽然鼓之而二十五弦皆动，发出同一个音，俨然音之君主，但此乃"齐其不齐"，是他律强同，而非自由玄同，于五音无当，不是正声，非庄子所求之"公是"。

《徐无鬼》对"公是"的讨论到此为止，似乎不了了之。相关话题的进一步讨论，出现在接下来的《则阳》中。

> 少知问于大公调曰："何谓丘里之言？"大公调曰："丘里者，合十姓百名而以为风俗也。合异以为同，散同以为异。今指马之百体而不得马，而马系于前者，立其百体而谓之马也。是故丘山积卑而为高，江河合水而为大，大人合并而为公。是以自外入者有主而不执，由中出者有正而不距。四时殊气，天不赐故岁成；五官殊职，君不私故国治；文武大人不赐，故德备。万物殊理，道不私故无名，无名故无为，无为而无不为。时有终始，世有变化，祸福淳淳，至有所拂者而有所宜；自殉殊面，有所正者有所差。比于大泽，百材皆度；观于大山，木石同坛。此之谓丘里之言。"少知曰："然则谓之道，足

乎？"大公调曰："不然。今计物之数不止于万，而期曰万物者，以数之多者号而读之也。是故天地者形之大者也，阴阳者气之大者也。道者为之公，因其大以号而读之则可也。已有之矣，乃将得比哉？则若以斯辩，譬犹狗马，其不及远矣。"（《庄子·则阳》）

"丘里之言"及其引发的讨论，对于理解庄子对个体与"公"的关系、万物与道的关系的思考，极为重要。丘里之言与一切公共性、普遍性、整体性存在，都遵循"合异以为同"的逻辑，合十姓百名以为风俗，大人合并而为公，成一方习俗公论，此即丘里之言。重要的是，这种"合异以为同"的过程，像合马之百体以为马、土石积卑而为丘山、江河合水而为大海、四时殊气而自成年岁、五官虽殊但君王公正不私和谐国治一样，不管是自然之合还是人事之公，都是自然、自发、公正、公平、包容、和谐的有机过程。正如前引王卡先生所言，此乃道家"自然"之本义。

问题在于，按照"丘里之言"的这种"合异以为同"的逻辑一直推延下去，是否就可以推出终极的"同是"、"公是"，以及作为"大公"之"调"的"道"呢？大公调自己的回答是"不然"。

《庄子》在这里表现出中国古代哲学中不常见的逻辑审慎，所谓"计物之数"云云，说的就是归纳法原则，由"丘里之言"归纳不出天下之道。这条审慎的逻辑思路，同样渊源于《老子》，而与儒家修齐治平的推演大不相同。①

庄子的审慎何来？有形之物，由小到大，由少到多，终归于"形之大者"天地；有形之物终归于"气之大者"无形之物阴阳；合有形与无形，为天地阴阳之"公"者，道也。道为天地阴阳之公，这一点没有问题，问题在于如何理解道为天地阴阳之公。"道，物之极"，极者，终极，是终极之秩序，也是终极之界限，不可逾越的界限；（终）"极"这两层含义之间的辩证关系，是理解庄子之道的关键。道在天地万物，在阴阳之气，但从有形之天地，从无形之阴阳，都不能自然地直接地追溯或归宿于"道"，道一如康德的物自身，首先或根本上是个终极界限概念，暗示着一切有形无形之自然显象存在的终极界限；这个界限，根本上是人的"言"与"知"的界限。"言之所尽，知之所至，极物而已"（《庄子·则阳》）。言与知只限于物，而"道，物之极，言默不足于载"（《庄子·则阳》）。正是在这个意义上，六合之外，圣人存而不论，因为无论以道为"莫为"，还是以道为"或使"，都"未免于物而终以为过"，相较于有形无形之物，道意味着根本不同的东西或路径：

道不可有，有不可无。道之为名，所假而行。或使莫为，在物一曲，夫胡为于大方？（《庄子·则阳》）

---

① 卢国龙：《庄子"自然"之意》，载赵广明主编《宗教与哲学》第十辑，社会科学文献出版社，2022。

道可道非常道，名可名非常名。关于这一理路，庄子给出了完美的诠释，这一诠释具有全新的含义。道，作为"同是"、"公是"之"极"，作为世界终极的普遍秩序和价值，其真正的根基，不在物，不在"其往无穷、其来无止"的物之自然，而在物之自然整体的断裂与否定性转捩。通向自然、万物、世界之终极性"丘里之言"、之"大公"的，不是可以无限逻辑归纳的、数学意义上的、自然推扩的过程，而是不"自然"的超越，是从"自然因"向"自由因"的本体论转向。换言之，在庄子这里，道之为道，根本上不是关于世界的自然解释，而是关于世界的"超"自然或不同于自然的解释，不是基于"有形""无形"的解释，而是关于"无"的解释，这种解释不是一种自然的需求，而是一种"理性的需求"。这种理性的需求意味着扬弃自然的无限性而诉诸某种绝对自发性，并视之为自然世界的终极性起点、根据、归宿、价值、秩序，这种终极性的"同是"、"公是"，就是道。从个体通向道德"大公"之路，不是通过"有"实现的，而是通过"无"实现的，这个"无"意味着"将欲全有，必反于无"的否定性，亦即康德所谓"绝对的自发性"。作为绝对开端的绝对自发性，即先验的自由，不是时间上的，而是因果性上的绝对最初开端：

> 理性的需求，即在自然原因的序列中诉诸一个出自自由的最初开端，其证实在下面这一点上极为清晰地映入眼帘：古代所有的哲学家们（伊壁鸠鲁学派除外）都

发现自己被迫为解释世界的运动而假定一个第一推动者，也就是说，一个首先并且自行开始各种状态的这个序列的自由行动的原因。因为他们不敢从纯然的自然出发来解释一个最初的开端。（B479）①

这是自由的开端，是道的开端，也是哲学的开端。不过，庄子不是"不敢从纯然的自然出发来解释一个最初的开端"，而是和康德一样，对人类"知"与"言"之局限与界限的清醒意识，使他扬弃自然解释，诉诸更高的"自然"来解决问题。有趣的是，这个意义上的"自然"，一般英译为"spontaneous"②，而康德正是使用相应的德语"Spontaneität"（B474）来表达作为绝对自发性的先验自由。绝对的自发性，即本体论意义上的自因，是自由概念的根本内涵，也是庄子自然概念的本义。自然与自由的这种先验关系，是理解庄子哲学及其道德、宗教思想的关键所在。这意味着一种形而上学的本体论转向，由外在自然的经验探寻转向对主体自身先验可能性的考察。齐物、同是、公是、共同秩序、普遍价值的逻辑与根据，不在自然，而在自由。由此而来的个体与普遍性的关系，需要借助"玄同"和"虚己"来澄明。

---

① 伊曼努尔·康德：《纯粹理性批判》，李秋零译，中国人民大学出版社，2004，第383页。
② 葛瑞汉：《论道者：中国古代哲学论辩》，张海晏译，中国社会科学出版社，2013，第223页。

三

道德价值的根基是自然还是自由，对这一问题的不同回答，将哲学家们根本上区分开来。以人的自然为道德价值的根基，是孔子、埃德蒙·柏克这一类哲人的看法；以自由为道德价值的根基，是康德这一类哲人的观点。尽管每一位哲人对自由和自然概念及其关系都会有自己独特而复杂的理解，但并不妨碍这种看似武断的划分。庄子虽然非常关注自然，但他更近于后者，因为他的自然更近于自由。我们需要了解的是，在庄子这里，这种自由及其与道德、与道的关系是如何可能的，个体是如何自我开显出其普遍性的，"玄同"和"虚己"是如何把这种可能性澄显出来的。

> 削曾、史之行，钳杨、墨之口，攘弃仁义，而天下之德始玄同矣。彼人含其明，则天下不铄矣；人含其聪，则天下不累矣；人含其知，则天下不惑矣；人含其德，则天下不僻矣。（《庄子·胠箧》）

绝圣弃知、攘弃儒墨诸家道德仁义，是庄子社会批判的主要旨趣，其目的在于反思和重释道德价值的根基，并由此重新确立人的存在根基。"彼曾、史、杨、墨、师旷、工倕、离朱，皆外立其德，而以爚乱天下者也。"郭象注此曰："此数人者，所禀多方，故使天下跃而效之。效之则失我，我失由彼，则彼为乱主矣。夫天下之大患者，失我也。"① 儒墨诸子所以燔乱天下者，原因在于皆外立其德，而失德之本。德之本不在彼而在我，不在他而在己，不在外而在内，每个人需要做的，惟回归自己本有、本然之明聪知德而已。"玄同"者，首先是人人"同"于己，人人回归自己，人皆自得，自得其德；"玄，原也，道也"②，故"玄同"者，同于道也。回归自己与回归于道是一回事，因为回归真正的人之"所含"，与回归真正的人之"能含"，是一回事。这何以可能？惟"忘"与"虚"者，可以"玄同"。

"忘"是《齐物论》"吾丧我"这一基本理路中的关键环节，乃是生命转化的道枢所在。这一概念在《大宗师》中得到更充分的阐发。

> 颜回曰："回益矣。"仲尼曰："何谓也？"曰："回忘仁义矣。"曰："可矣，犹未也。"他日，复见，曰："回益矣。"曰："何谓也？"曰："回忘礼乐矣。"曰："可矣，犹未也。"它日，复见，曰："回益矣。"曰："何谓也？"曰："回坐忘矣。"仲尼蹴然曰："何谓坐忘？"颜回曰："堕肢体，黜聪明，离形去知，同于大通，此谓坐忘。"仲尼曰："同则无好也，化则无常也。而果其贤乎！丘也请从而后也。"（《庄子·大宗师》）

---

① （晋）郭象注，（唐）成玄英疏《庄子注疏》，曹础基、黄兰发点校，中华书局，2011，第196页。
② （晋）郭象注，（唐）成玄英疏《庄子注疏》，曹础基、黄兰发点校，中华书局，2011，第196页。

忘与损是一个意思，损之又损以至于无，忘之又忘以至于坐忘。忘兼爱仁义，忘礼乐秩序，堕肢体，黜聪明，离形去知，将身与心、我与物、己与他、外在的道德与内在的价值、所知与能知、所思与能思、所欲与能欲、迹与所以迹统统忘而弃之，以至于物我两忘、身心俱空。坐忘，即无，即虚，即心斋。

回曰："敢问心斋。"仲尼曰："若一志，无听之以耳而听之以心，无听之以心而听之以气。听止于耳，心止于符。气也者，虚而待物者也。唯道集虚。虚者，心斋也。"

颜回曰："回之未始得使，实自回也；得使之也，未始有回也，可谓虚乎？"夫子曰："尽矣！吾语若：若能入游其樊而无感其名，入则鸣，不入则止。无门无毒，一宅而寓于不得已，则几矣。绝迹易，无行地难。为人使易以伪，为天使难以伪。闻以有翼飞者矣，未闻以无翼飞者也；闻以有知知者矣，未闻以无知知者也。瞻彼阕者，虚室生白，吉祥止止。夫且不止，是之谓坐驰。夫徇耳目内通而外于心知，鬼神将来舍，而况人乎！是万物之化也，禹舜之所纽也，伏羲几蘧之所行终，而况散焉者乎！"（《庄子·人间世》）

坐忘与心斋是个从经验到先验生命转化的现象学过程，是个无限还原的精神纯粹化过程。耳，代表感官能力，乃对待之物，无听之以耳，超越一切感性对待的意思；心，代表人的主体性能力，这是儒家特别是孟子一脉的核心概念，是人与道德的主宰者，是儒家心性之学的根基所在，也是庄子道德批判的主要对象和道德重建的首要障碍。无听之以心而听之以气，意在去心之止符，破心之对待，使心物俱泯，复归于气。"气也者，虚而待物者也"，气意味着一切有形有识的虚化、无化和悬置，气一而虚，是主体性还原的极致，极致于纯粹的先验（无）主体性。这种先验纯粹的（无）主体性，具有彻底的解构性：

> 舜问乎丞曰："道可得而有乎？"曰："汝身非汝有也，汝何得有夫道！"舜曰："吾身非吾有也，孰有之哉？"曰："是天地之委形也；生非汝有，是天地之委和也；性命非汝有，是天地之委顺也；孙子非汝有，是天地之委蜕也。故行不知所往，处不知所持，食不知所味。天地之强阳气也，又胡可得而有邪？"（《庄子·知北游》）

这应该是古代文明史上解构自我主体性的最强音。身、生、性命、子孙，乃至于衣食住行，统统被解构剥离，"吾"一丝不挂，一无所有，以被解构剥离部分为依托所创造的那些道德、信仰、哲学、文明也一并随风而去。但一丝不挂的这个"吾"并非真的一无所有，而是因此真正回到了自身，这个自身就是气，虚一之气，此气乃天地生生之本。此气唯虚能通，唯无己、丧我者能通。或者说，虚即气本身。能通于此气者，得以回归天地强阳生生不息之本源，此无尽本源生机，造天造地，造吾身、吾生、吾性命、吾子孙以及吾之衣食住行。此生生强阳之气，乃天道自然之隐喻，即"吾"及"吾"之一切之根之本之命之道，个体由耳而心而气而"虚觉"会通于绝对普遍，一气一虚而梵我一如，而万籁于天籁。

那么，何以能"虚觉"至此？可以说，虚的过程或能力，并不玄虚，而是自然切身。"同则无好也，化则无常也"，"同"与"化"的根据在"无好"：无好恶，无偏好（Neigung）。无好恶、无偏好，即情之不偏倚，即情之自由纯粹，即情之自然、纯正。"虚"者，去其"偏"好，复其"正"好也，这是"虚"的本义。"吾丧我"者，"吾自然"也，"自然"乃是个体之"玄同"所在，"玄""同"于"大通"。这是"心斋"和"唯道集虚"的深邃寓意所在。

"气"这一概念，很容易被自然主义地理解，但在庄子这里，除了隐约的自然主义印痕，更适合隐喻和象征地理解，乃是纯粹精神的化身。心斋之气，虚而待物者也，此"待"非对待，而是超越对待能所，是"应"，应物无方。唯虚能"顺物自然而无容私焉"，唯虚"若镜，不将不迎，应而不藏，故能胜物而不伤"（《庄子·应帝王》）。私者，偏私、成见、成心，道隐于小成，虚者去私、去偏好、去成心，纯净不偏倚，亦即上述"无好"、"正"好，意味着心灵与生命状态的纯粹、明澈、公正、博爱，既不伤物，也不为物所伤，虚怀应物，自然天成，可为一切"同是"、"公是"之根基。可见，"虚"这个字至关重要，更重要的是需明辨其三重蕴含：虚己，虚己应物，唯道集虚。亦即：自己生命精神的纯粹自然，与他者关系的纯粹自然，与道的关系的纯粹自然，或者说，这种纯粹自然本身，就是道。

纯粹自然，即"虚室生白"、"以无知知者也"；以无知知，即徇耳目内通而外于心知；外于心知即悬置人为偏好的意图目的，回归纯粹自发的意图目的。这种纯粹自发性的而非有意为之的意图目的，即无知之知、无意识的意识、无目的的目的，乃是一切道德和信仰的真正根基。

> 在路德看来，一个人的善行只要还是有意的行为，那个人的灵魂就得不到解救。救赎来自信仰，而"信"是向另一种机制的过渡。当"信"出现了，善的行为便自然出现，而且完全无私。我提出这一对比是想顺便指出庄子虽是看上去那般轻灵，却触及到了神学当中某些核心问题。[①]

真正贯通中西的视野，使毕来德有此洞见。庄子的思想不仅相应于路德的神学，也可对观于康德严苛的道德动机考量。

> 有一些富有同情心的人，即便没有虚荣或者利己的其他动因，他们也对在周围传播愉快而感到一种内在的喜悦，如果别人的满足是他们引起的，他们也会为之感到高兴。但我认为，在这种场合，诸如此类的行为无论

[①] 毕来德：《庄子四讲》，宋刚译，中华书局，2009，第54~55页。

多么合乎义务，多么可爱，都不具有真正的道德价值，而是与其他偏好同属一类。例如对荣誉的偏好，如果它幸运地涉及事实上有益公众且合乎义务、因而值得敬重的东西，则它理应受到称赞和鼓励，但并不值得尊崇，因为准则缺乏道德内容，亦即不能出自偏好，而是只能出自义务去作出这些行为。因而，假定那位慈善家的心灵被他自己的悲痛所笼罩，这种悲痛消解了对他人命运的一切同情，而他总是还有能力施惠于其他穷困的人，但由于他自己的穷困就已经够他应付了，别人的穷困打不动他；而现在，在没有任何偏好再鼓动他去施惠的时候，他却从这种死一般的麻木中挣脱出来，没有任何偏好地、仅仅出自义务地作出这个行为；在这种情况下，这个行为才具有其真正的道德价值。进一步说：即使自然在根本上很少把同情置入某人心中；即使此人在气质上是冷漠的，对他人的不幸漠不关心……即使自然原本就没有把这样一个人造就成为一个慈善家，他难道就不会在自身里面还发现一个源泉，赋予他自己一种比善良的气质所可能具有的价值更高得多的价值吗？当然如此！恰恰在这里，显示出性格的价值，而这种价值在道德上无可比拟地是最高的价值，也就是说，他施惠并不是出自偏好，而是出自义务。[1]

---

[1] 康德：《道德形而上学的奠基》，李秋零译，载李秋零主编《康德著作全集》第4卷，中国人民大学出版社，2005，第405页。

真正的道德，不是合乎义务，而是出乎义务，不是行仁义，而是由仁义行，不是出乎偏好意图，而是一种近乎本能地、纯粹自发性地、自然地出自义务。在心灵动机与普遍的道德法则、与道之间，是一种绝对自发性的关联，似乎是"为天（所）使"，"无门无毒，一宅而寓于不得已"。对此，郭象心领神会："不得已者，理之必然者也。体至一之宅，而会乎必然之符者也。"①

绝对自发性，即先验的自由；寓于不得已，即自由于普遍必然性，即自律。自律，即自己自由地为自己立普遍必然绝对之法，即自由于道，这是人类道德和信仰的奥秘所在，是天下之德玄同的根据所在，也是庄子齐物论的逻辑所在。自由于道，即自然于道，个体与道在自律之中，而不是在他律之中。如果道外在于自由，道就成了外在的普遍必然性，由此而来的乃是他律；他律，违背自由，也违背自然。

在"虚"字的三重蕴含中，自律不仅关乎其中的己与道的关系，而且关乎其中的己与他者的关系，这一层关系更具社会道德价值，值得重视。为此，需要再次回到《徐无鬼》对"公是"的考量中去，以澄明隐含在庄惠关系中的深意。

> 庄子送葬，过惠子之墓，顾谓从者曰："郢人垩漫其鼻端，若蝇翼，使匠石斫之。匠石运斤成风，听而斫之，尽垩而鼻不伤，郢人立不失容。宋元君闻之，召匠

---

① （晋）郭象注，（唐）成玄英疏《庄子注疏》，曹础基、黄兰发点校，中华书局，2011，第81页。

石曰：'尝试为寡人为之。'匠石曰：'臣则尝能斫之，虽然，臣之质死久矣！'自夫子之死也，吾无以为质矣，吾无与言之矣！"（《庄子·徐无鬼》）

惠子是庄子的朋友，也是《庄子》中庄子的主要辩论对手，《天下》一篇纵论百家，以庄子为巅峰，紧接着却以惠施结篇："惜乎！惠施之才，骀荡而不得，逐万物而不反，是穷响以声，形与影竞走也，悲夫！"《天下》如此布局谋篇，足见庄惠关系之重要。耐人寻味的是，《天下》批判和悲惜的对手，在《徐无鬼》中却成了默契无间俨如一人的伙伴。这种由对手到伙伴关系的质变，放在寻求"公是"何以可能的语境中，意义非常，澄显的是个体与他者达致"公是"的内在逻辑。

康德在考察主观的普遍可传达性时，所阐明的平常人类知性的三个准则，其所蕴含的道德形而上学思想，有助于澄明庄子这里隐匿的逻辑。

1. 自己思维；2. 站在别人的地位上思维；3. 任何时候都与自己一致地思维。第一个准则是无成见的思维方式的准则，第二个准则是开阔的思维方式的准则，第三个准则是一以贯之的思维方式的准则。①

第一个准则，是理性的自主原则和启蒙的基本要求，意

---

① 康德：《判断力批判》，李秋零译，载李秋零主编《康德著作全集》第5卷，中国人民大学出版社，2007，第306、307页。

味着从各种成见、成心和迷信中解放出来，类似于"虚己"和自由；第二个原则，意味着置身于他者的立场，即从一种普遍的立场出发对自己的判断加以反思；第三个准则，意味着结合前两个准则并熟练而自由地遵循。

这意味着，如果人能够回到自己，虚己而自由，且能够同时置身于他者的话，个体可以在更高的层面上实现自律，即超越是非对待。庄子惠子一如匠石郢质，化对待如一人，"爱"人如己般自律，这种自律对庄子的"公是"思考意义重大。庄子与惠子与儒墨诸子之间的关系由此被置于新的语境之中，使得齐物思想澄显出新的先验可能性。这种可能性，涉及个体更深邃的精神和情感，将个体、他者、道的关系置于更为"自然"的和谐之中。适合与这种先验性对观的，是作为基督教核心精神的"最大的诫命"（《圣经·马可福音》12：28 – 34）。

本文以《庄子齐物的逻辑："同是""公是"与"玄同"》为题原刊于《世界宗教研究》2021 年第 5 期

情感

《庄子》中有丰富的情感表述，如何结合这些表述的具体语境揭示其哲学意蕴，关乎庄子哲学的核心考量。庄子的情感哲学，澄显于庄子对人与自己、人与物、人与他者、人与天道之间关系的情感"现象"中。我们将借助中西哲学对比的多重视角，针对《齐物论》《德充符》《秋水》《至乐》等篇中关于情感的经典表述，聚焦"哀""无情""乐"等核心概念，探赜庄子情感哲学的基本考量，特别是关于自由、关于自由与自然之间关系的思想，澄显其所能与可能。

一

清人胡文英论庄颇为体贴，其《庄子独见》有《庄子论略》十条，其中的两条，可谓道尽庄子的无限情怀：

六 庄子眼极冷，心肠极热。眼冷故是非不管，心肠热故感慨无端。虽知无用而未能忘情，到底是热肠挂住。虽不能忘情而终不下手，到底是冷眼看穿。

十 庄子最是深情。人第知三闾之哀怨，而不知漆园之哀怨有甚于三闾也。盖三闾之哀怨在一国，而漆园之哀怨在天下；三闾之哀怨在一时，而漆园之哀怨在万世。①

庄子之情，深彻广博，超越时空，可为天下万世之情感基调。胡氏领悟到的是庄子的本体论情怀，这种哀怨悲情的本体论情怀并不抽象，《红楼梦》将其表现得很具体。第一一三回，当妙玉遭劫之时，宝玉放心不下，每日长吁短叹，"又想到：'当日园中何等热闹，自从二姐姐出阁以来，死的死，嫁的嫁，我想他一尘不染是保得住的了，岂知风波顿起，比林妹妹死的更奇！'由是一而二，二而三，追思起来，想到《庄子》上的话，虚无缥缈，人生在世，难免风流云散，不禁的大哭起来"。②

人生在世，虚无缥缈，生离死别，难免风流云散。贾宝玉用情不自禁的一场大哭，把庄子的无限哀怨诠释得酣畅淋漓。脂砚斋评《红楼梦》为"《庄子》、《离骚》之亚"，俞平伯认为"《红楼梦》第一得力于《庄子》……《庄子》更

---

① （清）胡文英：《庄子独见》，华东师范大学出版社，2011，第6页。
② 曹雪芹、高鹗：《红楼梦》，人民文学出版社，2005，第1518页。

影响了《红楼梦》全书的风格和结构"。① 现在看,庄子对《红楼梦》的影响,更应该从哲学精神层面来把握,《红楼梦》堪称庄子两千年后的哀怨回响、精彩回应。宝玉的大哭,可以视为当年庄子嗷嗷大哭的"永恒重现"。

> 庄子妻死,惠子吊之,庄子则方箕踞鼓盆而歌。惠子曰:"与人居,长子、老身,死不哭亦足矣,又鼓盆而歌,不亦甚乎!"庄子曰:"不然。是其始死也,我独何能无概然。察其始而本无生,非徒无生也而本无形;非徒无形也而本无气。杂乎芒芴之间,变而有气,气变而有形,形变而有生,今又变而之死,是相与为春秋冬夏四时行也。人且偃然寝于巨室,而我嗷嗷然随而哭之,自以为不通乎命,故止也。"(《庄子·至乐》)

写出《逍遥游》、倡言"死生无变于己""喜怒哀乐不入于胸次"的庄子,和不通人情世故的宝玉一样,面对死亡,面对亲人之逝,哀恸难抑,不禁嗷嗷大哭。不过,庄子很快从死亡的哀恸中"醒来",止哭而歌,由死亡之哀转为生命之歌。生命本于无,复归于无,一气而生,气绝而死,生命本是尘垢,来自尘垢,复归尘垢。"生者,假借也;假之而生生者,尘垢也。死生为昼夜。且吾与子观化而化及我"而已(《庄子·至乐》)。生死如昼夜,在梦觉之间转环,如四

---

① 俞平伯:《〈红楼梦〉简论》,见《俞平伯点评红楼梦》,团结出版社,2004,第338页。

时，在永恒流变中物化，梦觉物化之间无非自然，自然而然，何必哀恸悲伤？

《至乐》以唯物论和自然主义的方式解释生死之对待，盈虚聚散、物理自然即可穷通生死。[①] 生死的哀乐之情被消解，乃至于被颠倒，死之悦甚于"南面王乐"。

天下沉浊，庄语非"庄语"，应该反讽、寓言地理解，否则，宝玉这句"等我有一日化成了飞灰，——飞灰还不好，灰还有形有迹，还有知识。——等我化成一股轻烟，风一吹便散了"[②]，就成了《庄子》正解，成了人生的终极真理，"情切切""意绵绵"以及人生的一切喜怒哀乐和意义都会灰飞烟灭归于虚无。

死亡意味着虚无，但不等于虚无，而是指向虚无所不能最终消解的生命的盈余，这是庄子情感哲学的核心关切，也是其天下万世哀怨的精神所在。这精神蕴含在《齐物论》中。《齐物论》对死亡问题的思考，关乎《庄子》全书命脉，意味深长，却久蔽未明。要去蔽澄明庄子的死亡之思，需要对死亡概念有个哲学的理解。死亡何谓？

> 死亡的将来，其陌异性不给主体留以任何主动性。在现在和死亡、自我和神秘之他异性中，有一道深渊。这不是说死亡使得实存（存在）停止了，也不是说它是

[①] （晋）郭象注，（唐）成玄英疏《庄子注疏》，曹础基、黄兰发点校，中华书局，2011，第26页。
[②] 曹雪芹、高鹗：《红楼梦》，人民文学出版社，2005，第262页。

终结和虚无，而是我们已经强调过的，自我在面对它的时候，是绝对没有主动性的。[1]

人作为主体，意味着本质上的主动性，具有光和理性的能力与权力，有能力有可能认知、理解、照亮、把握、掌控与其相遇的客体（对象、物），因为"我所相遇的客体都是被自我所理解，或者归根结底，被自我所构造的"，这是康德先验哲学及其开创的德国观念论所揭示的真理；这一主体的主动性将被死亡打断，因为"死亡昭示了一种主体不再是掌控者的事件，一种与之相关，主体不再是主体的事件"。[2]作为主动性的实存，自由的主体，被作为绝对他异性、在光和理性之外、无限神秘的死亡打断。换言之，死亡所以能引发无与伦比的哀伤，是因为它根本上否定了人的主动性、自主性、自足性，否定了人的自由。面对未知而神秘的死亡，人无可奈何，人不再是主体。《齐物论》的主旨与此密切相关，正是要借助死亡维度思考人的自济、自足问题。

《齐物论》开篇，呈现的是一派萧瑟气象：仰天而嘘，苔焉似丧其耦，形如槁木，心如死灰，今者吾丧我。清人宣颖读到此处，"直欲大哭"，堪称庄子、宝玉知音：

> 今庄子开口引子綦一段，直是世间原未有我，风声

---

[1] 伊曼努尔·列维纳斯：《时间与他者》，王嘉军译，长江文艺出版社，2020，第75页。
[2] 伊曼努尔·列维纳斯：《时间与他者》，王嘉军译，长江文艺出版社，2020，第55页。

甫济，众窍为虚，真气将归，形骸自萎。不特大命既至，自家不得主张，抑且当场傀儡，未知是谁提线。我于此处，直欲大哭，乃犹较长论短，所争是何闲气耶！如此说来，尚未道及物论，蚤已令人冷却十分矣……

分明有个主宰，自家都是假的，盖已把我字说得灰冷矣。①

让宣颖直欲大哭的，是世间原未有我，是自家不得主张，是人生如命运的傀儡，用列维纳斯的话说，是人的主动性被剥夺所引致的绝望与无奈。由此看来，宣颖对自我主体有很强的诉求，对天道自然和命运对自我的主宰和戏弄颇为不满。对此，主张自生独化的郭象会怎么看？这涉及对《齐物论》"夫吹万不同，而使其自己也。咸其自取，怒者其谁邪？"这句话中"自己""自取"等表述的理解问题。郭象像宣颖一样，承认其中无"我"的一面："然则生生者谁哉？块然而自生耳。自生耳，非我生也。我既不能生物，物亦不能生我，则我自然矣。"② 我与物皆物，皆自然、自生、独化，万象参差，分内自取，各适其性，未尝不足。一方面，郭象以自然化解我之主体性，就此言，近乎宣颖的看法；另一方面，郭象更强调我与物皆因其自然而自足，消解了其他因素对物我

---

① （清）宣颖：《南华经解》，曹础基校点，广东人民出版社，2008，第10、12页。
② （晋）郭象注，（唐）成玄英疏《庄子注疏》，曹础基、黄兰发点校，中华书局，2011，第26页。

的外在主宰和影响,正是这一点,使得庄子不齐而齐的齐物思想得到有力支撑。

不过,郭象和宣颖理解无我的旨趣是根本不同的。郭象是借自然而宣示物我之自生独化,当分各足,率性而动,不由心智,同时隐含着每一物之自身存在的绝对与孤独;宣颖则直面人类"吾丧我"的悲哀境遇和悲剧本质,并由此再次引发其"为普天一哭"。

> 一受其成形,不亡以待尽。与物相刃相靡,其行尽如驰而莫之能止,不亦悲乎!终身役役而不见其成功,苶然疲役而不知其所归,可不哀邪?人谓之不死,奚益!其形化,其心与之然,可不谓大哀乎!人之生也,固若是芒乎?其我独芒,而人亦有不芒者乎?(《庄子·齐物论》)

人何以丧我?答案尽在其中。寥寥几句,写出从生到死的完整历程。人的悲剧在于,"一受其成形,不亡以待尽",换言之,一出生就等着死,终身役役一无所获,苶然疲役不知所归,终归于形化心死。人生就是一首毫无意义的死亡哀歌!不亦悲乎!可不哀邪!可不谓大哀乎?正是这种弥天大哀,使得宣颖"怪叹众生汶汶,反借自己为普天一哭"[①]。

庄子这首死亡哀歌,其契机实际上只在一个字上,在

[①] (清)宣颖:《南华经解》,曹础基校点,广东人民出版社,2008,第14页。

"与物相刃相靡"的"物"这个字上。刃,逆也,逆物则悲;靡,顺也,顺物则喜。有顺逆悲喜,就有好恶是非,人生之芒,正在于芒于是非,沉沦于是非,而不能自拔。庄子对物与是非的关系,有清晰的思考:

> 古之人,其知有所至矣。恶乎至?有以为未始有物者,至矣,尽矣,不可以加矣!其次以为有物矣,而未始有封也。其次以为有封焉,而未始有是非也。是非之彰也,道之所以亏也。道之所以亏,爱之所以成。(《庄子·齐物论》)

庄子此论,颇具人类学意义。人对物的意识,和人的自我意识,是同步的。"吾游心于物之初"(《庄子·田子方》),物之初,即人之初,那时,在伊甸园里,亚当夏娃整日与万物处而浑然不觉有物有我,有目却视而无睹,直到吃了禁果,他们的眼睛才"张开",才明亮起来,才发现"有""物";然后逐渐对物有所分辨区分,这种分辨区分的过程,即是将物对象化、物化、财产化、占有化的过程,是非好恶由此而来。人之役于物,人之因物而起是非,皆因这种对待物的态度和方式,即"占有""使用"(uti)物,而不是"享受""享有"(fruitio)物。[①]

沉沦于是非的人生,无异于被死神终生追逐的噩梦,这

---

① 汉娜·阿伦特:《爱与圣奥古斯丁》,王寅丽、池伟添译,漓江出版社,2019,第77页。

一噩梦,因物而起,因为正是物使人的"我"尽丧,使人役于物而不能"自己""自在""自由"。化解是非,破其对待,和之以天倪,占据了《齐物论》大部分篇幅。齐物者,表面上是齐平万物、一律平等的意思,本质上,则是如何待物的问题,是人如何看待、处理与物的关系问题,是如何在这种关系中确立自己的主体地位及其主动性、自主性的问题。物的问题,本质上关乎人的自由问题。能齐物者,不役于物,也不役物,如此,人得自由,物得自在而不能离,是之谓两行。由此看来,庄子齐物的问题,是物与是非的问题,是人的自由问题,关涉哲学的众多视域,含摄认知、道德、信仰、政治、经济等诸多考量,不止于理论问题,更是实践问题。

《齐物论》可以视为《庄子》全书的核心,而《齐物论》的核心,在"吾丧我"一语。此语有两种不同蕴含,其旨一也。经验或消极地看,"吾丧我"于"一受其成形,不亡以待尽。与物相刃相靡,其行尽如驰而莫之能止",此"丧"意味着役于物而不知返的奴役和死亡之哀;先验或积极地看,"与物相刃相靡"之"我"须"丧",此"丧"意味着从"散于万物而不厌""逐万物而不反"的汶汶众生中的自我救赎,打断"形与影竞走"的人生荒诞,"似遗物离人而立于独也",寻获自我独立自主之"特操":

> 罔两问景曰:"曩子行,今子止;曩子坐,今子起。何其无特操与?"景曰:"吾有待而然者邪?吾所待又有待而然者邪?吾待蛇蚹蜩翼邪?恶识所以然?恶识所以

不然?"(《庄子·齐物论》)

《齐物论》从"吾丧我"到"罔两问景",构成一个完整的语境。吾—我—影—罔两……乃是一依从"有待"的因果链条,此链条因物我关系而起,其中的每一个环节都无特操可言。打断"有待"链条,挺立起绝对孤独自由之我,战胜死亡,终结人生的死亡哀歌,庄子之心迹昭然。

战胜死亡,挺立自己,是对自己与自己关系的重新定位,同时意味着对自己与物与他者关系的重新思考。这也是在罔两问景之后,庄子以庄周梦蝶为《齐物论》结篇的深意所在。

> 昔者庄周梦为胡蝶,栩栩然胡蝶也。自喻适志与,不知周也。俄然觉,则蘧蘧然周也。不知周之梦为胡蝶与?胡蝶之梦为周与?周与胡蝶则必有分矣,此之谓"物化"。(《庄子·齐物论》)

《齐物论》以萧瑟大哀开篇,开启逐物而不反之死亡悲剧;《齐物论》以栩栩然、蘧蘧然适志之乐结篇,寻得与物"物化"而处的新的存在方式,可与尼采《扎拉图斯特拉如是说》开篇精神的变形对观。变形与物化,展示的是自我超越、克服死亡获得自由的可能性。梦与醒,生与死,我与物,通于大化,化而不灭,化而有分,分而为二,一二之间,自适其乐。

《齐物论》以哀始,以乐结,堪称一篇悲喜交加、跌宕起伏、波澜壮阔的情感存在论史诗。"乐"的概念，指向庄子更为深邃的思想，有待深察，但在这深察之前，在哀与乐之间，需要对庄子的"无情"概念进行辨析。庄子的"无情"，针对《齐物论》的核心概念"是非"而发，蕴含对人性道德更进一步的思考，关乎庄子对人如何走向自由的考量。

二

在不同的文化语境和哲学思想中，"无情"概念都很重要，对这一概念的辨析，有助于澄显中西哲学在道德、情感、信仰等问题上的核心关切。庄子的"无情"之论，出现在《德充符》的结尾，其旨在德不在情。德充符，是说德充于内则自有外见之符，但《德充符》全篇所议的主角尽是形体丑恶不全之人，极尽夸张地将内在之德与外在形符对立起来："劈头出一个兀者，又一个兀者，又一个兀者，又一个恶人，又一个闉跂支离无脣，又一个瓮㼜大瘿"[①]，何故？"盖深明德符全不是外边的事，先要抹去形骸一边，则德之所以为德，不言自见。"宣颖此解甚是。《德充符》的正解不在形，在德，在"德不形"：

> "何谓德不形？"曰："平者，水停之盛也，其可以为法也，内保之而外不荡也。德者，成和之修也。德不

[①] （清）宣颖：《南华经解》，曹础基校点，广东人民出版社，2008，第39页。

形者，物不能离也。"（《庄子·德充符》）

庄子这里的德，与诗礼发冢的孔门之德截然不类，孔子的仁义道德乃"諔诡幻怪"之物，孔子"不知至人之以是为己桎梏邪"，更斥孔夫子"天刑之，安可解！"（《庄子·德充符》）那么，庄子之德何谓？德乃"成和之修"，"内保之而外不荡"，此德至静至平如水，乃为天下之"法（则）"；此德"使日夜无郤，而与物为春，是接而生时于心者也"（《庄子·德充符》）。

郭象一语点破此德之奥妙：

> 无情至平，故天下取正焉。[1]

形与情皆为德之所累，德不在形，也不在情，而在无情。"无情"概念，直指庄子道德哲学之根本，庄子要澄明"无情"的重任，需要老朋友惠施相助。

> 圣人不谋……既受食于天，又恶用人！
>
> 有人之形，无人之情。有人之形，故群于人；无人之情，故是非不得于身。眇乎小哉，所以属于人也；謷乎大哉，独成其天。
>
> 惠子谓庄子曰："人故无情乎？"庄子曰："然。"惠子曰："人而无情，何以谓之人？"庄子曰："道与之貌，

---

[1] （晋）郭象注，（唐）成玄英疏《庄子注疏》，曹础基、黄兰发点校，中华书局，2011，第118页。

天与之形，恶得不谓之人？"惠子曰："既谓之人，恶得无情？"庄子曰："是非，吾所谓情也。吾所谓无情者，言人之不以好恶内伤其身，常因自然而不益生也。"惠子曰："不益生，何以有其身？"庄子曰："道与之貌，天与之形，无以好恶内伤其身。今子外乎子之神，劳乎子之精，倚树而吟，据槁梧而瞑，天选子之形，子以坚白鸣。"（《庄子·德充符》）

庄子明确将"天"与"人"对峙，将无情与情对峙。情，指人的是非、好恶、偏好（Neigung）；无情，则超是非、无好恶、去偏好，返归人之天性自然。庄惠对话，涉及对人如何定义的问题。惠子从人之常情理解人，人的经验存在，人现实的是非好恶，乃是人的自然，在此基础上益生、养身、修德，乃是正经。庄子则相当决绝地不以为然，在他眼里，惠子属于虽"泛爱万物"，但天人不分，"弱于德，强于物"，"逐万物而不反"（《庄子·天下》）之徒。在庄子看来，人的本质不在"人"，不在"情"之是非好恶，而在"天"，在"道"："道与之貌，天与之形，恶得不谓之人？"人的形与貌，人之为人，是由天、道来决定的，人乃天赐、天选、天鬻、天养，"又恶用人"？人乃"无情"之人，德乃"无情"之德。对此宣颖看得明白："犹言不食人间烟火。盖圣人与造化为一气，一切世情无所用之"，"情累尽捐"。[1]

---

[1] （清）宣颖：《南华经解》，曹础基校点，广东人民出版社，2008，第45页。

就此言，庄子很像康德，表达的是纯粹理性主义的道德观、人性论。问题在于，如何理解庄子这里所说的"天"与"道"乃至于由此而来的"德"：是外在超越的（transcendent），是自然主义（naturalism），还是先验的（transcendental）？[1] 宣颖对此的把握并没有偏离庄子的文本，据此而言，庄子倾向于外在超越，将他的"常因"之天道"自然"，与人的是非好恶之"自然"明确区别并对峙起来。问题在于该如何领会这两种不同"自然"的关系。成玄英的疏稍微缓和了一下其中的紧张关系：

> 庄子所谓无情者，非木石其怀也，止言不以好恶缘虑分外，遂成性而内理其身者也。何则？蕴虚照之智，无情之情也。[2]

此疏不乏儒家《中庸》趣味，走的是由情入性的路子，据此，无情也是情，无情之情乃是虚照之情，由此深入，有望与庄子"唯道集虚"之旨相应。《红楼梦》第一一一回的"无情"就是《中庸》的路数：

> 那人（秦可卿的魂）道："……我在警幻宫中原是个钟情的首坐，管的是风情月债，降临尘世，自当为第一情人，引这些痴情怨女早早归入情司，所以该当悬梁

---

[1] Eske MØllgaard, Zhuangzi's Notion of Transcendental Life, *Asian Philosophy*, Vol. 15, No. 1, March 2005, pp. 1–18.
[2] （晋）郭象注，（唐）成玄英疏《庄子注疏》，曹础基、黄兰发点校，中华书局，2011，第122页。

自尽的。因我看破凡情，超出情海，归入情天，所以太虚幻境痴情一司竟自无人掌管。今警幻仙子已经将你补入，替我掌管此司，所以命我来引你前去的。"鸳鸯的魂道："我是个最无情的，怎么算我是个有情的人呢？"那人道："你还不知道呢。世人都把那淫欲之事当作'情'字，所以作出伤风败化的事来，还自谓风月多情，无关紧要。不知'情'之一字，喜怒哀乐未发之时便是个性，喜怒哀乐已发便是情了。至于你我这个情，正是未发之情，就如那花的含苞一样，欲待发泄出来，这情就不为真情了。"①

《红楼梦》这段情与无情之论堪称绝妙。"无情"与"情"，"原""本"是一不是二，都是个"情"，都是个喜怒哀乐，只是一个"发"字将其分别开来：已发之情被归于"情海"，属于凡俗之情，淫欲滥情；无情乃未发之情，被归于"情天"，是含苞未放之情，乃是真情。无情之情，乃是真情，此情即"性"。问题是，喜怒哀乐之未发，还是喜怒哀乐吗？还能称为情吗？如果仅仅是"含苞"而不"发"的话，还有花可言吗？还有与物为春、万紫千红的世界吗？世间有这等仙苞奇葩吗？有！大观园里可谓百花齐放，有"任是无情也动人"的薛宝钗，有"情不情"②的贾宝玉，还有

---

① 曹雪芹、高鹗：《红楼梦》，人民文学出版社，2005，第1491页。
② 曹雪芹：《脂砚斋全评石头记》，霍国玲、紫军校勘，东方出版社，2006，第244页。

这位誓不嫁人、心性洁傲、悬梁自尽、拒绝开苞、"最无情"的鸳鸯,更有一朵含苞未发的世外仙姝林黛玉。本于仙界木石之缘,为了以泪偿灌之愿,只为一人而来,只为一人而去;此苞只应天上有,人间万难久存身,未发而夭,泪尽苞干,花魂归天,"质本洁来还洁去"。

看来,《中庸》合天与人、性与情、无情与情的尝试并不成功。两种"自然"想实现沟通,达致天人合一,困难重重。

宣颖从《德充符》中看到的天道圣人之"无情"决绝,几乎在任何哲学中都能找到知音,因为看透红尘,不满足于人情之虚幻浇漓,寻求坚实不变普遍永恒的情感支撑和人生基石,乃是哲学的基本诉求,标识的是人类永远的梦,红楼一梦。在《红楼梦》中,揭示这一永恒诉求的,正是林黛玉,也只能是林黛玉。在与《庄子》关涉至深的第二十二回,黛玉向正"迷失于"《庄子》的宝玉发出了"康德之问":

> 黛玉便笑道:"宝玉,我问你:至贵者是'宝',至坚者是'玉'。尔有何贵?尔有何坚?"

看似随机一问,实则石破天惊、天机尽显。可叹众生汶汶,无人能觉,无人能答。这是黛玉的感情诉求,她求的不是世间的任何宝,任何玉,因为世间的任何宝物玉器,都不可能至贵至坚,她求的是使宝成为宝、玉成为玉的理念,只有宝、玉的理念才至贵至坚,永不破碎。脂砚斋以"情情"

二字评黛玉,语焉不详,一直令人费解。须与此问参照,方可澄明。能类"情情"者,只有庄子的"物物"。"物物者非物",使物成为物者也,道也;"情情"者非情,使情成为情者也,用柏拉图的说法,是"情理念",用康德的说法,是"情本身"。情本身,即先验之情,指不来自经验性情感,不来自喜怒哀乐之情,却能使喜怒哀乐之情成为喜怒哀乐之情的先验纯粹情感,此情至纯至粹,所以才能至贵至坚。《中庸》未发之情,当由此来解。未发之情乃是先验之情,先验之情是情,是情之纯粹不易者。

那么,黛玉的先验纯粹之"情情",与庄子的"无情"是什么关系?其实,求情之至贵至坚纯粹不易,与求去是非无好恶之自然无情,本质上很难区分。明代王世贞《艳异编》中的《少室仙姝传》给出了解释。传中的那位下凡仙姝,不仅如黛玉般秉绝代姿容,具希世俊美,且满怀缠绵,一顾再顾,苦苦追求书生封陟,但自始至终"陟意不易","心如铁石",最后连仙姝侍从都忍无可忍,斥之为"木偶人"。封陟死后,被阴间判为"此人无情"。封陟之魂魄在被押往幽府的路上,又遇仙姝,仙姝是仙官,有权改判,仙姝

> 遂索大笔判曰:封陟性虽执迷,操惟坚洁,实由朴戆,难责风情。宜更延一纪。[1]

---

[1] (明)王世贞撰,(明)仇英绘《艳异编》上,文物出版社,2020,第111页。

尽管这位书生无情到了铁石木偶的境界，但因为其情操至坚至洁，几乎到了黛玉所梦想的"情情"境界，仙姝又让他还阳再活12年。本来仙姝曾许他"寿例三松"，长生不老，可惜他当时丝毫不为所动。黛玉的红楼梦，庄子的南华梦，在现实中很可能梦碎于封陟。封陟的无情，庄子的无情，康德实践理性的无情，本质上服从同样的逻辑，表现为意志与理性的绝对严苛和不妥协，不向任何欲望、好恶、同情、慈悲等偶然性、病态性感性情感和偏好（Neigung）屈服，不向自然妥协，"在气质上是冷漠的，对他人的不幸漠不关心……恰恰在这里，显示出性格的价值，而这种价值在道德上无可比拟地是最高的价值，也就是说，他施惠并不是出自偏好，而是出自义务"[①]。而康德所代表的这种"无情"道德，使他与"淡漠无情（apathie）"[②] 的性虐大师萨德深刻纠缠，并与奥斯威辛的无情灭绝相去不远。

这是崇高者的现世命运，吊诡荒诞，血泪浸染，如果在天人之间只能靠纯粹和无情来沟通的话。因不满于人间爱情虚幻而求情之纯粹的黛玉，和哀怨人类终身役役于是非好恶而求无情自然的庄周，是否能意识到并接受这种荒诞后果？

这一问题的哲学契机，在于如何处理自由（理性，普遍法则，上帝，天，道）与自然（好恶，偏好，自然情感）之间的关系。这一关系的张力与对峙，始终困扰着人类。《德

---

① 康德：《道德形而上学的奠基》，李秋零译，载李秋零主编《康德著作全集》第4卷，中国人民大学出版社，2005，第405页。
② 乔治·巴塔耶：《色情史》，刘晖译，商务印书馆，2010，第146页。

充符》将这种张力和困扰袒露无遗：

> 所爱其母者，非爱其形也，爱使其形者也。（《庄子·德充符》）

不爱母之形，爱使其形者，"形"与"使其形者"因爱而分离、对峙起来，这种分离对峙使崇高成为可能，崇高即"使其形者"对"形"的否定，也就是实践理性对自然的压制与无情。这正是将康德与萨德联系在一起的理由。

"康德即萨德"是《启蒙的辩证》中的"附论二 朱丽叶或启蒙与道德"①揭示出的理路，该理路表明，纯粹理性的崇高道德与无限沉溺于暴力享乐，不谋而合。拉康对霍克海默和阿多诺的观点一无所知，但他同样意识到这个问题，提出"Kant avec Sade"（康德与萨德），认为萨德即康德的真理。在他们看来：

> 尽管萨德与康德形成了鲜明的对比，他们还是在这一点上走到了一起——主体是绝对冷酷无情的，他们服从无条件的指令。②

无条件的指令，可以来自至高无上的上帝，可以来自绝对的道德律令，可以来自至贵至坚的先验性，可以来自天道

---

① 斯拉沃热·齐泽克：《实在界的面庞》，季广茂译，中央编译出版社，2004，第1页。
② 斯拉沃热·齐泽克：《实在界的面庞》，季广茂译，中央编译出版社，2004，第13页。

自然，无论这天指的是外在的必然天命，还是内在的自然天性，都是必须无条件服从的。这种服从就是道德与宗教的"无情的"崇高，康德的实践理性把自由与自然鏖战的崇高及其残酷无情戏剧性地呈现出来。康德描述崇高时使用的正是与萨德的 apathie 相同的词 apatheia，或 Apathie：

> 这些理念给予心灵一种比由于感官表象而来的推动更为有力、更为持久得多地起作用的激奋。但是，就连一个顽强地执著于自己那些不变原理的心灵的无激情（apatheia, phlegma in significatu bono［冷漠、褒义的迟钝］），也是崇高的，确切地说以高级得多的方式是崇高的，因为它同时在自己那方面拥有纯粹理性的愉悦。①

Apatheia 是斯多亚学派的用语，指免于激情的无情、淡漠，康德借用过来，主要指理性对偏好情感的压制，这层意思在后来的《道德形而上学》中表达得更直接：

> 德性只要基于内在的自由，对人来说就也包含着一项肯定的命令，亦即把人的一切能力和偏好（Neigung）都纳入自己的（理性的）控制之下，因而是对自己的统治的命令，这种统治添加在禁令之上，即不让自己受情感和偏好的统治（不动情的义务，der Pflicht der Apathie），因为，若不是理性执掌驾驭的缰绳，情感和偏好就会对

---

① 康德：《判断力批判》，李秋零译，载李秋零主编《康德著作全集》第 5 卷，中国人民大学出版社，2007，第 283 页。

人扮演主人。①

如果像斯多亚学派那样，把冷漠无情限定在心灵的自我控制和理性自主上面，称不上崇高，达不到纯粹理性的愉悦，因为康德实践理性的崇高，首先意味着对人造成巨大威胁和震撼的无与伦比的自然之量与强力，这种震撼的力量超出了人的想象力所能承受的限度，而正是这种来自自然的空前压力，激发出人的理性理念的力量，凭靠理念的法则力量，人得以战胜克服自然。可见，崇高意味着人凭靠理性战胜自然、自我拯救的伟大壮举，值得人自我叹赏。在实践理性领域康德的崇高对人的经验生活和自然存在的否定性是令人震惊的，以至于在人的自然与人的道德法则之间，必须有一个绞架，才能衬托和支撑起崇高的不朽史诗。

在康德这里，"道德法则是神圣的（不可侵犯的）。人虽然够不神圣了，但在他的人格之中的人性对他来说却必须是神圣的"②。必须神圣！这是康德或上帝的诫命。坚守这种神圣性，免于自我轻视、自我蔑视，乃是康德一生所献身的事业，人只有这样，才能、才配享有内心的镇静和抚慰（Beruhigung）：

> 这种内心的抚慰对于一切能够使生活舒适的对象来

---

① 康德：《道德形而上学》，张荣、李秋零译，载李秋零主编《康德著作全集》第 6 卷，中国人民大学出版社，2007，第 420 页。
② 康德：《实践理性批判》，李秋零译，载李秋零主编《康德著作全集》第 5 卷，中国人民大学出版社，2007，第 93 页。

说都是纯然否定性的;也就是说,这种抚慰是在他完全放弃了自己的状态(Zustandes,现状)的价值之后,对在人格价值中沉沦这种危险的阻止。它是对某种完全不同于生活的东西的敬重的结果,与这种东西相比和相对照,生活连同其所有的惬意毋宁说都根本没有任何价值。

纯粹实践理性的正直动机就是这样;它无非是纯粹的道德法则本身,只要这法则让我们觉察到我们自己的超感性实存的崇高……①

对康德"道德必然导致宗教"的命题,研究者们有不同看法,但从上述文字看,纠结于康德这个命题本身已经没有太大意义,问题本就不在于道德是否必然导致宗教,因为对于康德而言,道德本质上就是宗教!康德的道德学说,骨子里乃是基督教的逻辑和信仰。②

有了宗教的底蕴,崇高才可以理解,自然与自由的鏖战以及绞架才具有神圣性:

假设某人为自己淫欲的偏好找借口说,如果所爱的对象和机会都来到他面前,那么这偏好对他来说是完全不可抗拒的;如果在他遇到这种机会的房子前面竖起一个绞架,在他享受过淫欲之后马上把他吊在上面,他在

---

① 康德:《实践理性批判》,李秋零译,载李秋零主编《康德著作全集》第5卷,中国人民大学出版社,2007,第94页。
② 亚历山大·科耶夫:《论康德》,梁文栋译,华东师范大学出版社,2020,第62页。

这种情况下是否还会不克制自己的偏好呢？人们可以很快猜出他会怎样回答。但如果问他，如果他的君王以同一种毫不拖延的死刑相威胁，无理要求他对于君王想以莫须有的罪名来诋毁的一个清白人提供伪证，此时无论他对生命的热爱有多大，他是否会认为有可能克服这种热爱呢？他是会这样做还是不会这样做，这是他也许不敢作出保证的；但他必定毫不犹豫地承认，这样做对他来说是可能的。因此他作出判断，他能够做某事乃是因为他意识到他应当做某事，并在自身中认识到通常没有道德法则就会依然不为他所知的自由。①

这是康德关于舍生取义、杀身成仁的史诗，在这个自由和道德法则完胜自然偏好的史诗中，死亡扮演了关键角色。死亡是自然的绝对主宰，可以终结一切自然的欲望偏好，没有谁会为了一晌贪欢而选择绞架。但人"可能"为了道德仁义（也许还有真爱）而选择死亡，因为他意识到他"应当"这样做，在这个自我意识的"应当"中，澄明的是道德法则的神圣不可侵犯，是意志隐而不显的自由。神圣的道德和自由必须死亡这个维度才能澄显和证成，死亡可以完胜淫欲偏好，但死亡终将在神圣的道德法则和作为其存在根据的自由面前屈膝。死亡不是自由，但为了"应当"而选择死亡就是自由。在自由和普遍绝对的实践理性法则面前，自然和死亡

---

① 康德：《实践理性批判》，李秋零译，载李秋零主编《康德著作全集》第 5 卷，中国人民大学出版社，2007，第 33 页。

都必须俯首称臣。

如此神圣但否定性的道德法则，对于现实生活而言，过于纯粹高迈，其中隐含着致命的逻辑："在整个创造中，人所想要并能够有所支配的一切都可以仅仅作为手段来使用"①，人的自然存在和生命，人的欲望情感偏好及其对象都是"人所想要并能够有所支配的"，但这一切，都仅仅是神圣道德法则和自由的手段和工具。正是康德实践理性中这个致命的危险逻辑，把他和萨德乃至于奥斯威辛集中营联系起来。但吊诡的是，萨德本人不会赞同这种联系，因为萨德正是康德式普遍理性主义道德和道德宗教的激烈批判者，他曾写道：

> 普遍道德的任何原则都是某种真实的幻象。
> 对于上帝的观念是我唯一无法原谅人类的错误。②

因为选择了上帝及其化身的神圣法则，人类否定了自己，这是人类无法被原谅的根基性错误。

如果拒斥了抽象虚幻的上帝，以及作为其人间代言者的道德法则与自由，人类岂不只剩下淫欲偏好的自然，以及作为自然之主宰的死亡吗？如此一来，人生何为，自由何在？

《红楼梦》第十二回跛脚道人的那面"风月宝鉴"，其正

---

① 康德：《实践理性批判》，李秋零译，载李秋零主编《康德著作全集》第5卷，中国人民大学出版社，2007，第93页。
② 西蒙娜·德·波伏瓦：《要焚毁萨德吗》，周莽译，上海译文出版社，2012，第47、56页。

背两面照出的正是上帝之后人类生存的境遇、命运与可能。此镜"千万不可照正面，只照他的背面，要紧，要紧！"为何？因为风月宝鉴的正面是情天欲海、花枝乱颤、美不可言，可以满足你梦寐以求日思夜想的各种欲望偏好，但此面如同伊甸园里的禁果，"你不可照，因为你照的日子必定死"；风月宝鉴的背面很简单，只有一个丑陋恐怖的骷髅立在里面，表面看是死亡之镜，实为生命之像，因为此面"专治邪思妄动之症，有济世保生之功"。所谓"邪思妄动"，即各种贪欲偏好。克服这些邪思妄动，则可以济世保生。这背面很像康德所立的绞架，专门用于克制淫欲偏好。差别在于，一个为了崇高的道德法则和自由，一个为了保生济世。可惜！世人皆知美之为美，却不知斯不善已；世人皆知丑之为丑，却不知斯不恶已。

　　风月宝鉴展示的，是一个正反、生死、善恶、美丑二元对峙的世界，面对这个世界，人有自由选择的权利。一场红楼梦，整个大观园，有几个人会选择照背面？包括仙界的绛珠仙草和神瑛侍者，一旦坠入凡尘，似乎同样是冲着正面而来，结果一个泪尽飘零，一个遁入空门。在风月宝鉴正背两面的对峙中，《德充符》中的庄子和实践理性批判中的康德选择了背面，这是哲人的无情选择。萨德看似选择了正面，实际上他的纵欲性虐和无情残忍的"正面"只是个幻象，他真正倾向的是背面，或者说，他想超越两面的对峙：

　　　　当人们做爱的时候让人们喜欢的正是恐怖、卑鄙、丑恶之物。美是简单事物,丑陋是非凡的东西,而所有热烈大胆的想象无疑都偏爱非凡的事物超过简单事物。①

在萨德表面的残忍无情后面,蕴藏着深刻的哲思。爱,偏好,是冲着正面的美去的,但真正的美不在正面的美的表象,而在背面的丑,因为在背面那丑的表象中隐含着非凡的美。真正的爱,意味着能够把美的表象与美的非凡结合起来。就此而言,假亦真来真亦假的风月宝鉴的两面,不应该二选一,而应该是生命情感的一体两面,宝玉的"情不情"近乎这种一体两面,并呈现在他独具的"意淫"符号中。意淫不是单纯的正面或背面,而是集两面于一身。一方面,没有什么"好色不淫""情而不淫",好色即淫,知情更淫。宝玉所以为警幻仙姑所钟爱,正在于他"乃天下古今第一淫人也",也就是说,宝玉和庄子一样,对世界充满了无限的情怀和哀怨,此情真切不虚,真诚无妄;另一方面,"淫虽一理,意则有别",宝玉之淫,非皮肤滥淫,"如尔则天分中生成一段痴情,吾辈推之为'意淫'。'意淫'二字惟心会而不可口传,可神通而不可语达。汝今独得此二字……"② "意淫"者,本于"天分",乃天赋、天命之淫,亦即"淫淫",一如黛玉的"情情",乃先验之淫、先验之情,有情极之毒,近于无情。此淫此情本出于女娲补天之情之唯一"剩余"、"多

---

① 西蒙娜·德·波伏瓦:《要焚毁萨德吗》,周莽译,上海译文出版社,2012,第53页。
② 曹雪芹、高鹗:《红楼梦》,人民文学出版社,2005,第87页。

余"，被弃在青埂峰下。"青埂"者，"情根"也，隐喻以此天分先验之情为世界根基的深刻思想。这种深刻性存在于对黛玉"情情"和宝玉"情不情"之"意淫"的进一步分辨中。表面看，宝黛都选择了风月宝鉴的正面，但黛玉之情先天只为一人，且其至贵至坚的情感诉求，"孤标傲世"之极，找不到楔入世界的契机、方式和路径，看似无人能当、无人能偕、无人能诉，实则弱柳扶风自不能当，与其说是在哀怨，不如说是在自嗟。就此而言，其"情情"是一不是二，虽正却反，最终回归的是庄子和康德"无情"的崇高。崇高如果太高的话，谁人能当？就此而言，宝玉的"情不情"式"意淫"，应该更近于真理，如果"情"与"不情"、淫与意淫、自然与自由之间能够达致某种和谐的话。

这意味着，情由"哀"始，跨越"无情"，入于"乐"。"乐"者，游心于物之初之感，情与爱之本然，乃自由与自然达致和谐的美的愉悦，可为人生之存在论根基。

三

上文侧重庄子与康德"无情"的一面，但这不是他们情感哲学的全部，他们有自我超越的能力。

从庄子的"无情"入于其"乐"，需要对这两个概念有所辨析。无情虽然与外物相关，但主要强调的乃是自己与自己的情感关系，是自己去其好恶是非偏好之扰，自我克服，"无"掉自己的喜怒哀乐之情，使自己心如止水明镜，由此回复自己的天性自然;乐则兼顾自己与自己的情感关系,以及自己与物与他者的情感关系。考察庄子之乐,要在揭示这两层关系的本质,澄显其先验的可能性。

无情与乐,关乎的乃是道德最根本的两个维度:如何确立自由为道德的根基;如何处理自由与自然的关系,即如何使其在自由与自然的二元性中保持和谐。儒道对无情与乐的不同理解,是辨别其情感哲学和道德关切的理想契机。

王阳明顺着庄子的意思谈到无情:

> 圣人致知之功,至诚无息。其良知之体,皦如明镜,略无纤翳。妍媸之来,随物见形。而明镜曾无留染,所谓情顺万事而无情也。无所住而生其心,佛氏曾有是言,未为非也。明镜之应物,妍者妍,媸者媸,一照而皆真,即是生其心处;妍者妍,媸者媸,一过而不留,即是无所住处。[1]

王阳明对乐也非常重视:

> 乐是心之本体,虽不同于七情之乐,而亦不外于七情之乐。虽则圣贤别有真乐,而亦常人之所同有。但常人有之而不自知,反自求许多忧苦,自加迷弃。虽在忧苦迷弃之中,而此乐又未尝不存。但一念开明,反身而

---

[1] 陈荣捷:《王阳明〈传习录〉详注集评》,第167条,重庆出版社,2017,第190页。

诚，则即此而在矣。①

阳明的无情，字面看与庄子《德充符》中去是非好恶的无情，与《应帝王》中"至人之用心若镜，不将不迎，应而不藏，故能胜物而不伤"，意思差不多，但内里却大不同。庄子的圣人是"心斋"，是"虚室生白"，是"集虚"。"虚"字是庄子思想的要紧处，他要"虚"掉的，正是儒家仁义道德及其所依托的心体、良知、诚。破儒墨是非外立之德，寻道德自然本真之根基，是庄子的核心关切。

阳明所做的，是参照庄子的样子，让儒家的良知心体皦如明镜，随物见形，一照而皆真，一过而不留，这是儒家的"无情"，去尽私欲天理朗显的意思。阳明之功，在尽量"虚"化儒家心性，使良知之体虚明如镜，这良知之虚明，即"人心一点灵明"。人心这一点灵明，乃是一种现象学意义上的纯粹还原，还原出天地万物一体之仁的玄牝窍穴。阳明此举，标识的是儒学自我突破的历史性契机，有望由此确立人的纯粹主体性自由，并妥当处理自由与自然、主体与物的关系。再走一步，阳明即可归于庄子，但两个意思使阳明止步于庄子门外：一是对儒家血缘亲情之"种性"不可断灭的信仰，使其根本上拒斥道与佛②，这是阳明寻获纯粹主体性的先天障碍；二是他对"虚"的理解，不同于道佛，由此

---

① 陈荣捷：《王阳明〈传习录〉详注集评》，第 166 条，重庆出版社，2017，第 189 页。
② （明）王守仁：《王阳明全集》，吴光等编校，上海古籍出版社，2006，第 1226 页。

而来的,是万物皆我,根本上否定了物的自在自然。

> 良知之虚,便是天之太虚;良知之无,便是太虚之无形。日月风雷,山川民物,凡有貌象形色,皆在太虚无形中发用流行,未尝作得天的障碍。圣人只是顺其良知之发用。天地万物,俱在我良知的发用流行中,何尝又有一物超于良知之外,能作得障碍?①

"太虚无形,气之本体。"② 阳明以气释虚,未脱自然,未至虚之纯粹,这是其寻获纯粹主体性的又一大障碍。更重要的是,天之太虚合于良知之虚,天地万物皆在我良知的发用流行中。我的良知,吾心这一点灵明,成了造物主:

> 良知是造化的精灵。这些精灵,生天生地,成鬼成帝,皆从此出。真是与物无对。人若复得他,完完全全,无少亏欠,自不觉手舞足蹈,不知天地间更有何乐可代?③

阳明直接把庄子《大宗师》中的道变成了自己的良知。这样一来,孟子的"万物皆备于我",变成了阳明的"万物皆由于我";孟子由此而来的"反身而诚,乐莫大焉",就变成了阳明的"反身而诚,乐是心之本体"。阳明之乐,乃是

---

① 陈荣捷:《王阳明〈传习录〉详注集评》,第269条,重庆出版社,2017,第267页。
② (宋)张载:《张载集》,章锡琛点校,中华书局,2008,第7页。
③ 陈荣捷:《王阳明〈传习录〉详注集评》,第261条,重庆出版社,2017,第263页。

我作为造物主的至美至乐情感体验，在这种至乐中，物已经被我和我的本体之乐化掉，失其自然自在。这种主体与物的关系，与庄子的理解大为不同。在庄子那里，至乐来自"游心于物之初"，这种乐也是一种本体性的乐，但这种乐的根据在"唯道集虚"中，在主体的纯粹虚化和无己中，由此纯粹之心观照万物之初、之本，并与终极秩序相应，由此而来的德，"不修而物不能离焉"（《庄子·田子方》）。"万物皆由于我"，与"不修而物不能离焉"，澄显的是完全不同的两种物论，这种不同物论的根由，在于对主体自身的理解。

儒家道德在两端之间撕扯而不能自恰，一端是狭隘的种性自然，另一端是天理良知。这种撕裂致使其难以合理地确立自由，以及主体与物与自然的关系。换言之，儒家的症结在两个"狭隘"："狭隘的自然"与"狭隘的主体"。庄子的道德，扬弃了自然的血缘种性维度，诉诸天性自然，问题是这种天性自然如何确立自由，以及如何使"天"与"人"、自由与自然、人与物在和谐中各得其"乐"。

要解决这些问题，需要一种先验存在论，以真实地确立人与自己的关系，并寻求人与物与他者沟通的可能性与合情性。这正是庄子要解决的问题，解决的契机在"濠梁之上"。

> 庄子与惠子游于濠梁之上。庄子曰："鲦鱼出游从容，是鱼之乐也。"惠子曰："子非鱼，安知鱼之乐？"庄子曰："子非我，安知我不知鱼之乐？"惠子曰："我非子，固不知子矣；子固非鱼也，子之不知鱼之乐。全

矣!"庄子曰:"请循其本。子曰'汝安知鱼乐'云者,既已知吾知之而问我。我知之濠上也。"(《庄子·秋水》)

《庄子》中的重要对话,往往发生在庄子与惠子之间,他们是最好的朋友,也是最好的思想辩论对手,适合对核心话题知己知彼针锋相对地深入争辩。辩论中,惠子的立场往往是基于经验常识,思路清晰,环环相扣,逻辑性强;而庄子展示的是与惠子不同的立场和逻辑,从常理看,庄子的思路飘忽而诡辩,始终不与惠子在同一个频道上交流。但让超乎寻常的思想火花,在这种异频对峙中闪现,正是庄子如此安排对话的目的所在。

关于鱼之乐是否可知,古今注者众说纷纭。明陆西星《南华真经副墨》认为:"物理人情自是可推,我居濠之上而逍遥,则濠之下者不言可知,是以不待与鱼同类而后能知其乐也。盖庄子善通物情,故一体同观若此。"[1] 清林云铭的《庄子因》影响很大,被誉为此书一出,关于《庄子》的"诸注悉废"。《红楼梦》第二十一回,宝玉道悟时读的应该就是这本《庄子因》,黛玉讥讽宝玉"作践南华《庄子因》"。《庄子因》此注是接着陆西星往下讲:"此段言人情物理,自可相推。鱼遂其乐,亦自得其天者,故鱼忘江湖,人忘道术,其致一也。……明道者,必如鲦鱼之出游从容,自

---

[1] (明)陆西星:《南华真经副墨》,蒋门马点校,中华书局,2010,第252页。

遂其天之乐，物我之间皆得其性，始为反真之极则也。"① 其实陆、林之注，本于成疏："夫鱼游于水，鸟栖于陆，各率其性，物皆逍遥。而庄子善达物情，所以故知鱼乐也。"② 但陆、林之注，把两个核心焦点更清晰地澄显出来：一个是人情物理之可相推的"推"，另一个是"反真"。庄子善达物情，这个"达"就是"推"的意思，问题是：这种"推"如何可能？怎么"推"？古今注此，皆流于直觉感悟之想当然，缺乏哲学思辨的理路与证成，这也是惠子质疑庄子的原因所在。这关乎的是人与物、与他者普遍性沟通交流是否可能以及如何可能的核心哲学问题，必须给出回答。惠子的质疑至关重要，因为他点出了人之交流共通的困境甚至是不可能性。这涉及经验知识交流的可能性或者说理论知识如何可能的问题，涉及道德交流或者说普遍道德如何可能的问题，更涉及情感交流的可能性问题，特别是乐之普遍可传达性问题。这三个问题是人类有哲学以来最为重要也最为困难的问题，而且其难度是递增的，康德用他的批判哲学给出了迄今最为系统和深刻的回答，而两千多年前庄子已经将这些问题袒露于濠梁之上。

"推"的问题是传统儒道各家都要面对的问题，关乎作为儒家仁义四端之根本的推己及人、扩而充之，关乎儒家道

---

① （清）林云铭：《庄子因》，张京华点校，华东师范大学出版社，2011，第182~183页。
② （晋）郭象注，（唐）成玄英疏《庄子注疏》，曹础基、黄兰发点校，中华书局，2011，第329页。

德是否可能的问题,但"推"之如何可能的问题一直没有得到真正解决。庄子对"物理人情自是可推"这一问题的解决,关乎的不只是庄子哲学以及道家哲学的命运,而是包括儒家在内的整个汉语传统哲学是否成立的命运。探讨"推"的问题,应该"反真",从"是谓反其真"开始。

游于濠梁之上之前,《秋水》关注的一个重要话题是天人关系,强调"无以人灭天,无以故灭命,无以得殉名。谨守而勿失,是谓反其真"。何为"真"?郭注为"真在性分之内",成疏为"夫愚智夭寿,穷通荣辱,禀之自然,各有其分。唯当谨固守持,不逐于物,得于分内而不丧于道者,谓反本还源、复于真性者也。"[1] 真者,天性也,乃人之自然本分,一如郭注《齐物论》,人与万物所以能够不齐而齐,乃在于万物皆禀自然,各当其分,自生,独化,这里的物之"自""独",即是其"真",可以称为"真实的孤独",这种孤独,道出的是万物各禀自然、独化无凭、无需条件、无需因缘的绝对独立孤独的"存在"本身。万物之"存在"本质上是孤独的,人在自己孤独的"存在"中领悟着万物"存在"的孤独。

在鱼之乐的对话中,惠子的意义,在于消解认知特别是情感普遍传达的本质可能性,将人置回其本然的孤独存在中去,并由此重新思考人走出孤独的可能性。孤独使人"存

---

[1] (晋)郭象注,(唐)成玄英疏《庄子注疏》,曹础基、黄兰发点校,中华书局,2011,第321页。

在",并使"存在"走出孤独,与另一个同样孤独的"存在"一起"存在"。

什么构成了孤独的特质?说我们从来都不是单独实存(存在)于世,这是一种陈词滥调。我们被诸存在者和事物所围绕,我们和它们一起维系着各种关系。通过观看、触摸、同情和合作,我们与他者在一起。所有这些关系都是可传递的(transitive):我触摸一个客体,我看见他者。但我不是他者。我是完全孤单的(seul)。这就是在自我之中存在,我实存的事实,我的实存(exister,存在)构成了绝对不可传递的元素,这是一些没有意向性,也没有关联的东西。存在者之间可以交换任何东西,唯独不可交换实存。①

人的本真存在(实存)之孤独,乃是绝对不可交换、不可交流、不可传递、不可化约、不可取代、不可剥夺之唯一,是人最私己的无价宝藏,体现的是个体存在独一无二的神圣性。这是曾经让柏拉图颇为困扰的核心问题:

柏拉图最早受到这一事实的困扰:在我们应用关于某类事物的概念时,我们仍然能够指认每一个个体,将它与其他个体相互区分开来。②

---

① 伊曼努尔·列维纳斯:《时间与他者》,王嘉军译,长江文艺出版社,2020,第9页。
② 迈克尔·波兰尼:《认知与存在:迈克尔·波兰尼文集》,马乔里·格勒内编,李白鹤译,南京大学出版社,2017,第143页。

柏拉图发明了作为一切个体之类概念的共相理念，而他的学生亚里士多德则对个体更感兴趣，甚至称之为第一实体。使个体与个体区别开来的，乃是其独一无二的孤独"存在"。对于人来说，这种孤独的存在，本质上即是其自由。当一个人置身于其孤独的"存在"，当一个存在者存在于其"存在"，把握其"存在"，即是自由。这是最本源的自由：

> 这是首要的自由。不是自由意志的自由，而是开始的自由。它从当下具有实存的某物开始。自由被包含进所有主体之中，被包含进有一个主体，有一个存在者这一事实之中。它是实存者对实存之把握（emprise）中的自由。①

自由比自由意志或自由选择更本源，这一区别来自康德的先验自由概念，用于表达绝对自发性的开始，即存在者"开始""反其真"，复归并把握其"存在"之"根"。这种对自身存在的复归与把握，乃是自主、自由最本然的蕴含，其展示出的，是一种具有阳刚之气的自我绝对主权，是一种骄傲的、高贵的、天才般的孤独。② 重要的是，这种回复自身存在的孤独中，蕴含着纯粹愉悦之乐。这是康德（审美）判断力批判一开始就昭示出的重要思想。康德对美的分析表

---

① 伊曼努尔·列维纳斯：《时间与他者》，王嘉军译，长江文艺出版社，2020，第24~25页。
② 伊曼努尔·列维纳斯：《时间与他者》，王嘉军译，长江文艺出版社，2020，第27页。

明，人对自我存在本身的感觉乃是一种最为本源性的纯粹愉悦之感，而且这种纯粹愉悦意味着普遍可传达性。

美与知识被明确区别，知识通过知性把表象与客体相联系，而美不是通过知性而是通过想象力把表象与主体及其情感相联系，尽管美也需要与知性结合，但这种与美结合的知性是被悬置了概念能力的知性，也就是说，是仅仅保留着知性的纯粹形式而不具有概念的强制规定性权力和能力的知性。当自由的想象力与纯粹形式性的知性在鉴赏中发生关系时，纯粹的、无兴趣利害的、无目的的合目的性的美的愉悦之情悠然而生。

一方面，表象与这种情感的关系，完全是关涉主体自身的，"确切地说与主体的生命情感（Lebensgefühl）相关"，"通过它根本没有标明客体中的任何东西，而是在它里面主体如同被表象刺激那样感觉到自己本身（sich selbst）"。[1] 在美中首先澄显的不是关于客体或任何对象的情感，而是关于自己的生命与存在本身的情感，也就是说，康德判断力批判首先确立的，是对主体自身存在的愉悦之情，这是存在论意义上的自我情感确认，我的"存在"本身是美的。换言之，传统的存在论获得了一种新的存在样式或根基，美的情感的存在论，以纯粹愉悦为本的存在论。

> 既没有纯粹的客体，也没有纯粹的主体；没有对任

---

[1] 康德：《判断力批判》，李秋零译，载李秋零主编《康德著作全集》第5卷，中国人民大学出版社，2007，第210、211页。

何存在的事物中的任何东西的兴趣……我不喜欢,但是我又从那种对我毫无趣味可言的东西中得到愉快,从某种至少说无关痛痒,既谈不上喜欢也谈不上不喜欢的东西中得到愉快……然而**存在着**愉快,某种愉快仍然存在着;**存在着,有,它给予**的愉快就是**它给予**的;只对某些人来说它继续存在着,它是最佳的、至纯的。①

德里达此言把康德关于美的情感,特别是关于"存在之乐"的底蕴袒露无遗。存在之乐,如君子之交,平淡如水,至清、至淡、至纯,似乎无味,近乎无情,实则生机无穷,是真正自由的存在论情感。

另一方面,这种美的情感具有普遍可传达性:

惟有当想象力在其自由中唤醒知性,而且知性无须概念就把想象力置于一种合规则的游戏之中的时候,表象才不是作为思想,而是作为心灵的一种合目的的状态的内在情感而普遍地传达。②

康德把美的情感诉诸自由的想象力和无需概念的知性之间的游戏与和谐,意味深长,意义重大。二者的关系不是规定性的,也不是一元性的,两者没有主客之分,而是两者之间某种纯粹无兴趣(利害)的自由的游戏状态。之所以可以

---

① 安东尼·J. 卡斯卡迪:《启蒙的结果》,严忠志译,商务印书馆,2006,第14页。
② 康德:《判断力批判》,李秋零译,载李秋零主编《康德著作全集》第5卷,中国人民大学出版社,2007,第308页。

普遍传达，首先是由于想象力。自由的想象力，乃是可以穿越一切界限的本源性能力，康德在《纯粹理性批判》第一版中一度视其为最本源的心灵能力；更重要的是，在鉴赏中，知性概念作为纯粹的形式依然在发挥作用，知性依然发挥着规则性和目的性的作用，尽管只是反思性的纯粹形式性的，而不是规定性和强制性的。这是一种无规则的合规则性，无目的的合目的性，这样，既避免了情感的任性、混乱和胡闹，又确保了其游戏状态，并使其主观的普遍可传达成为可能。

康德鉴赏判断中所蕴含的这种准知识、前知识、元知识的情感性认知逻辑，值得高度重视，这是比波兰尼的认知意会维度（the tacit dimension）更为本源的心灵能力。关于康德的反思性判断力与物的关系的研究，将会对此做进一步的阐释。这种情感性认知逻辑，将使人与物更本真存在的澄显成为可能，使以物观物、以情观情成为可能，使世界自身存在意义的澄显成为可能。

现在我们可以"请循其本"，回到濠梁之上。应该说，庄子与惠子说的都没错，只是各自遵循各自的逻辑，各说自话而已。庄子的"请循其本"，可以理解为：请回到我们这次对话的本源性前提和语境，若然，则你我自然都会"知之濠上"。为何？因为本源性的语境和前提澄显于一个"游"字上。庄子与惠子"游"于濠梁之上，或者说，庄子与惠子与鲦鱼"游"于濠梁之上（下）。

"游"这个概念，关乎庄子思想的核心内涵。《庄子》开篇为"逍遥游"，这三字可谓道尽庄子一生旨趣。陆西星注曰:"游,谓心与天游也。逍遥者,汗漫自适之义。"① 郭象注曰:"夫小大虽殊,而放于自得之场,则物任其性,事称其能,各当其分,逍遥一也,岂容胜负于其间哉!"② 陆注着重乘天地御六气的超迈自在,郭注意在物任其性各当其分的自适,都落在自由自在上,也就是"无己"二字。"无己,所以为逍遥也"。③ 无己者,吾丧我也,脱去形骸、智巧、功名等利害芜杂之"我"衣,袒露纯粹、自然、自在、无利害之"吾","是谓反其真",亦即回复并把握自己的"存在"本身。这种自我把握意味着对其他非"吾"真性之一切物的"放手",放弃对它们占有的权力,还其自在。这种"存在"的自反与把握,即自由,即逍遥,即"游";游和逍遥本是一个词,而不是两个词,其义一也。此"游"与康德所谓"想象力在其自由中唤醒知性,而且知性无须概念就把想象力置于一种合规则的游戏之中"的"游戏",本质上一样,昭示的是一种"存在"意义上的、纯粹自由的愉悦情感状态,那是人之存在更本源的情感方式、心灵方式和存在方式。

当庄子与惠子游于濠梁之上之时,庄子已经置身于"游"的本源语境之中,并且与鱼,与物,与天地,共享"游"之乐。惠子则置身"游"外,"无情"于濠梁之上。

---

① (明)陆西星:《南华真经副墨》,蒋门马点校,中华书局,2010,第1页。
② (晋)郭象注,(唐)成玄英疏《庄子注疏》,曹础基、黄兰发点校,中华书局,2011,第2页。
③ (清)宣颖:《南华经解》,曹础基校点,广东人民出版社,2008,第2页。

"游"之乐人皆有之，因为那是一切存在的本真状态，惠子需要的是返归其中的契机与路径，以打破自己与自己的隔离，以及自己与他者的隔离，这两种隔离乃是一回事。如何打破？路在何方？对此，庄子与康德已经有所启示，不过萨德的启示则更为直接，更有助于将庄子的内蕴呈现出来，因为它以罪恶和悲剧形式，充分展示了无情（淡漠）与存在之乐的先验意蕴，使孤独及其交流的先验可能与方式得以澄明。

萨德极尽所能，坚持人的孤独，因为孤独意味着人自身的"存在"与自主：

> "（萨德）的道德，"莫里斯·布朗肖说，"是建立在绝对孤独的首要现实之上的。"萨德"说过且以这种形式重复：自然使我们孤独地诞生，一个人与另一个人没有任何关系。"[①]

波伏瓦同样强调了这一点：

> 他赋予自己的处境一种形而上意义的宿命：**人在世界上是孤立的。所有造物都是生而孤立，彼此间没有任何需要。**……只要尊重每个人的特殊性就足够了；但是人不仅要承受自己的孤独：他要求相对于所有人的

[①] 乔治·巴塔耶：《色情史》，刘晖译，商务印书馆，2010，第149页。

孤独。[1]

萨德体现出庄子齐物的思想诉求，但他是以积极的无情否定，来捍卫自己绝对孤独的权利："萨德思想的基本特征是对利益和性伙伴生活的最漠然的否定"[2]，通过否定，捍卫的是"人的自主时刻（他所拥有的最珍贵的东西）"。"'性虐狂世界的中心'，在莫里斯·布朗肖看来，是'借助一种莫大的否定体现出来的自主权的要求'。……萨德将这独立自主的时刻叫做'淡漠'（apathie，无情）"。[3]

萨德的否定全面而彻底。那些基于"别人、上帝、理想这些空名"的道德，是人的弱点，是必须否定的，因为会使人的力量徒劳地、毫无意义地耗尽，使人虚弱不堪。"但是，真正的人知道，他是惟一的而且他承认自己是惟一的；他身上的一切，17个世纪以来继承的怠惰，只与他有关，他否定怜悯，仁慈，爱情，这些是他摧毁的情感；他通过摧毁它们，回收了本应花费在这些让人虚弱的冲动上的所有力量，更重要的是，他从这摧毁的劳动中获得了一种真正的能量的开端。"[4] 列维纳斯把这种回到自身存在之孤独，摆脱一切奴役的开始称为首要的自由，这是基于自由、自主、自己的道德的开端。这种自由的能量，乃是一种强力，是 Macht，是康

---

[1] 西蒙娜·德·波伏瓦：《要焚毁萨德吗》，周莽译，上海译文出版社，2012，第68页。
[2] 乔治·巴塔耶：《色情史》，刘晖译，商务印书馆，2010，第148页。
[3] 乔治·巴塔耶：《色情史》，刘晖译，商务印书馆，2010，第152页。
[4] 乔治·巴塔耶：《色情史》，刘晖译，商务印书馆，2010，第153页。

德讨论崇高时和尼采界定强力意志时使用的那个词，这种力量之强大，是通过绝对的否定性体现出来的。在色情中，萨德通过对性伙伴的否定和淡漠，实现的不仅是对一切外在奴役性、寄生性情感的毁灭，更是对自己的激情、意志的否定、克制与淡漠，正是这种否定和自我否定，使自主的"强力情感""强力存在"成为可能，使淡漠无情本身成为最神圣的快乐：

> 萨德这样要求：为了让激情变成能量，应该压制激情，让它经历一个必要的冷漠时刻，得到缓解，于是，激情就变得最强烈了。……因为它是一个灵魂的行为，这个灵魂毁灭了它所有的一切，积累了一种巨大的力量，这种力量与它所酝酿的整个毁灭行动完全统一了。所有这些伟大的放荡者只是为了享乐而活着，他们之所以伟大，是因为他们消灭了自己身上任何享乐的能力。这就是他们为什么走向可怕的反常，否则一般享乐的平庸性就可以令他们满足。但是他们让自己变得冷漠：他们自称从冷漠、从这种被否定、被消灭的感觉中得到快乐，于是他们变得很残暴。残酷不过是对自身的否定，它走得太远了，以致变成了毁灭性的爆发；冷漠让一切存在颤栗，萨德说："灵魂转向一种淡漠，这种淡漠很快变成了快乐，这种快乐比弱点提供的快乐神圣成千上万倍。"[1]

---

[1] 乔治·巴塔耶：《色情史》，刘晖译，商务印书馆，2010，第153~154页。

天下沉浊，不可与庄语，庄子这话也非常适合萨德。巴塔耶认为，恶，尖锐形式的恶，是文学的表现，这种恶称得上纯洁的恶，具有最高价值。[1] 这一概念并不否定伦理道德，而是指向更高的道德，或者说指向更为本真的道德，作为一切道德根基的道德。萨德的作品，以特殊的逻辑和样态，通过色情及其毁灭，旨在寻求人的真正自由及其道德的可能性，其自我摧毁的否定性，与庄子"吾丧我"体现的无己、虚己，有异曲同工之妙。前者旨在回复主体本然的生命强力，而庄子之虚，同样是通过自我否定而澄显出的无限生机，看似虚无，却不虚寂，而是与物为春、接而生时于心、彼其充实不可以已。而萨德对抽象虚伪的普遍性世俗道德的摧毁与颠覆，在庄子那里，在因庄子而悟的宝玉那里，都能找到知音。《红楼梦》第二十一回写宝玉读《庄子》：

> 正看至《外篇·胠箧》一则，其文曰：
>
> 故绝圣弃知，大盗乃止；擿玉毁珠，小盗不起；焚符破玺，而民朴鄙；掊斗折衡，而民不争；殚残天下之圣法，而民始可与论议。擢乱六律，铄绝竽瑟，塞瞽旷之耳，而天下始人含其聪矣；灭文章，散五采，胶离朱之目，而天下始人含其明矣；毁绝钩绳而弃规矩，攦工倕之指，而天下始人有其巧矣。
>
> 看至此，意趣洋洋，趁着酒兴，不禁提笔续曰：
>
> 焚花散麝，而闺阁始人含其劝矣；戕宝钗之仙姿，

---

[1] 乔治·巴塔耶：《文学与恶》，董澄波译，北京燕山出版社，2006，第2页。

灰黛玉之灵窍，丧减情意，而闺阁之美恶始相类矣。彼含其劲，则无参商之虞矣；戕其仙姿，无恋爱之心矣；灰其灵窍，无才思之情矣。彼钗、玉、花、麝者，皆张其罗而穴其隧，所以迷眩缠陷天下者也。①

价值批判，寻求价值更本真的根基，乃是古今哲学之要务。哲人们所选择的路径不同，走法各异，各自批判否定的方式不同，但否定与自我否定的精神是一样的，所寻求的目的也是接近的。关键在于，是否基于个己自身的自主自由，以及如何建立与他者的关系，这是哲学最为重要的诉求。

吊诡且意味深长的是，萨德通过毁灭性的色情实现其否定与自我否定，同时把与他者沟通的可能与方式也赋予色情："人是怎样的谜题啊！——是啊，我的朋友，就是这个使得一个有许多诙谐的人说理解他不如肏他。"② 波伏瓦将萨德的话做了更为诙谐的发挥："在萨德作品里，情色是作为一种沟通方式出现的，是唯一有价值的方式；我们可以通过戏仿克洛岱尔的一句话，说在萨德作品中'鸡巴是从一个心灵到另一个心灵最近的路'。"③

萨德的色情及其表达方式过于独特，超出了一般人类的

---

① 曹雪芹、高鹗：《红楼梦》，人民文学出版社，2005，第282~284页。
② 西蒙娜·德·波伏瓦：《要焚毁萨德吗》，周莽译，上海译文出版社，2012，第82~83页。
③ 西蒙娜·德·波伏瓦：《要焚毁萨德吗》，周莽译，上海译文出版社，2012，第83页。

接受能力，但其内涵的哲学思想却意义重大。由色情而爱欲而爱，再到纯粹自由的情感，乃是通向人生存在之根基，通向人与人交往之根基的永恒之道。重要的是要明确，从色情爱欲到真正爱情，意味着某种根本的变化或升华。这种变化的关键在于如何界定欲望的对象。黑格尔揭示出这一问题的本质：爱情是"人特有的现象，因为人欲求另一个**欲望**（另一个人的**爱**），而不是欲求一种经验的现实事物（例如，当人们纯粹地'欲求'另一个人的时候）"①。色情和欲望的对象是物，是经验中的人或物，是作为经验现实对象的人或物，而爱的对象不是这些经验现实的东西，而是另外一个欲望本身，即另外一个人的爱。一个人爱的对象只能是另一个人的爱。情人希望被爱，在相互的爱的希望中，在爱与被爱中，人的"Sein"（存在）得到承认。巴塔耶继续黑格尔的思路，把萨德情色思想中曲折蕴含的精神阐发出来：

爱情就其本质而言乃两种欲望的完美契合。

在拥抱中，**一切**都重新揭示出来，一切都以一种新的方式出现……

欲望的对象是宇宙，宇宙以她的形式出现，在拥抱中她是宇宙的镜子，我们在镜子中反射自己。在融合的最灿烂时刻，纯粹的光芒，犹如突如其来的闪电，照亮

---

① 亚历山大·科耶夫：《黑格尔导读》，姜志辉译，译林出版社，2005，第612页。

了可能性的广大原野,在这片原野上,这些各不相同的情人们在他们自愿达成的微妙境地之中,被缩小,灭绝,驯服了。①

巴塔耶以诗意的语言,将爱情深邃的蕴含澄显出来。爱的对象只能是爱,是纯粹之爱的宇宙,是不可对象化的对象,这意味着爱仅仅是一种"享有",是目的本身,而不是"占有""拥有",不是工具,不是客体,超乎利害。"宇宙以她的形式出现",无限之爱,必须以她的形式出现。她是谁?

列维纳斯承接着萨德、黑格尔、巴塔耶,但他要与巴塔耶商榷,特别是与他关于拥抱中的"融合"商榷,他要澄明爱欲中更为深邃的思想:爱不是一,更不是多,而是二,仅仅是二。

"宇宙以她的形式出现",这是一个完美的句子。无限之爱,必须以她的形式出现。无限在具体生动的她之中绽放,一如神的临在,或者,道成肉身,爱成肉身。为了让这个完美的句子更完美,列维纳斯补充道:宇宙以她的形式出现,而她以神秘的形式出现。

> 爱之哀婉是在存在者之无法逾越的二元性中构成的。它是与一种永远在避开之物的关系。这种关系事实上并没有中立化/抵消他异性,而是保持着它。情欲之乐的哀

---

① 乔治·巴塔耶:《色情史》,刘晖译,商务印书馆,2010,第93、95、96~97页。

婉在于存在着二。作为他者的他者在这里并不是一个客体,这一客体会变成我们的,或变成我们;相反,它撤回到了它的神秘中。这种女性的神秘——女性的,本质上是他者的……它是一种在光面前的逃逸。躲藏即是女性实存的方式,而这种躲藏恰恰就是羞涩。①

她神秘、羞涩、躲藏,是永远的他异性,这种神秘和羞涩使任何对象化、物化的企图落空。她自己在那里,在她的爱里与你的爱相爱,但你和她没有合为一体或融合的可能性,因为她的羞涩和躲藏,使其永远在光(理性,权力,掌控等)之外,在神秘的黑暗中。这是一种与他者交流沟通的方式,是全新的交流沟通方式,列维纳斯尝试以这种方式澄显交流和爱的本质。他用"爱抚"代替巴塔耶的"拥抱":

> 爱抚是一种主体的存在模式,……但是确切地说,被爱抚之物是不能被触摸的。爱抚寻找的不是在接触中所给予的手掌之柔滑和温热。构成爱抚之寻找的本质的是,爱抚并不知道它在寻找什么。这种"不知道",这种根本的无序,是其关键。这就像一个与躲避之物的游戏,一个绝对没有规则和方案的游戏,它与能变成我们的或我们之物无关,而只与某种别的东西相关,这种东

---

① 伊曼努尔·列维纳斯:《时间与他者》,王嘉军译,长江文艺出版社,2020,第80~81页。

西永远他异，永不可通达，一直在到来。爱抚就是对这种没有内容的纯粹将来的等待。①

爱在爱抚中反身为爱的游戏，这种游戏在康德的美的愉悦中有经典的表达。自由的想象力与被其唤醒的、被悬置了规定性概念规则能力的、纯粹形式性知性之间的不确定性的游戏，被置换进爱抚。爱抚中的不确定、不可掌控、无对象性、偶然性、无目的性，将爱抚置于爱最本源的状态，即爱的希望之中。爱是最生动、最具体、最切身、最强烈的希望，希望爱，尽管这种希望中的爱永远是在你的怀抱和触摸之外，但这种爱抚的游戏，这种不可遏制的爱的希望，正是爱之为爱的本质。换言之，宇宙以她的形式出现，她以神秘的形式出现，她一直是你爱的希望。就此而言，她作为真正的他异性，一直在你的自由自主之外，她的临在之可能不在你的权能之内；不过，这无损于你的自由，因为你和她的孤独与自由都完好如初。这意味着：一方面，你们各自的自由，你们是二，不是一；另一方面，你们活在爱中，你们彼此活在爱的希望和期待中。这是最重要的两个方面：坚守自己的自由与孤独，彼此相爱，这就是全部。

列维纳斯以这种爱的二元性，彻底对抗、解构柏拉图以来的普遍性、融合性、同一性社会理想模式，并尝试由此开启新的伦理和存在方式：

---

① 伊曼努尔·列维纳斯：《时间与他者》，王嘉军译，长江文艺出版社，2020，第 84~85 页。

从柏拉图开始，社会的理想模式就是寻找一种融合的理想模式。人们认为在主体与他者的关系中，通过沉浸到一种集体表象中，一种共通的理想模式中，主体会倾向于与他者相同一。正是集体性在说"我们"，它转向理智的阳光，转向真理，感受他者在自身旁边，而不是在自身对面。……与这种肩并肩的集体性相对，我试图比照一种"我—你"的集体性，这不是在布伯意义上而言的，在他那里，交互性保持为在两个分离的自由之间的纽带，而且孤立的主体性之不可回避的特性在他那里是被低估的。……这是一种不是共契的集体性。它是一种没有中介的面对面，而且它是在爱欲中被提供给我们的，在［爱欲］中，在他者的临近中，距离被完整地维持着，它的哀婉既在于这种临近性，也在于这种二元性。①

列维纳斯的意义在于，他为"康德与萨德"找到了某种新的可能性。这种可能性始于康德哲学本身，始于《判断力批判》。在那里美和崇高被区别开来，崇高继续着实践理性的强制性，自然被压制；而美的愉悦，则展示了自由与自然之间和谐的可能性，这种和谐意味着一种作为认知、情感根基的更为本源的存在方式，这种存在方式澄显的是心灵两种基本能力之间的游戏状态。美是道德的象征，以如此理解的

---

① 伊曼努尔·列维纳斯：《时间与他者》，王嘉军译，长江文艺出版社，2020，第90、91页。

美为象征的道德，应该是不同于《实践理性批判》中的普遍强制性理性道德，那正是萨德所要毁灭的道德。列维纳斯将萨德的情色哲学进一步阐发，借助爱欲的二元性探索新的伦理可能性，寻求基于个体自主，又直面他者的具体生动充满希望的生命存在方式，这可以视为对康德基于美的情感深化道德思考的继续。这条以爱欲情感为本的哲学理路，为西方近代以来的价值重估与社会批判提供了有力支撑，而对这一理路和支撑的寻找，正是庄子乃至于《红楼梦》的旨趣所在。

至此，惠子何以"游"而"不能游"、"游"而无"乐"的症结已经一目了然。《天下》的诊断极为精准：惠施"弱于德，强于物"，"散于万物而不厌"，"逐万物而不反"，于是不能"自宁"。不能"自宁"，何来"自适"、"自乐"？不能"自乐"，也就无从感知"鱼之乐"。惠施的问题，出在不懂得正确处理与物的关系，不懂得如何待物；而正确处理与物的关系，要在从万物"自反"，反于己，反于自己的存在，反于自己的存在之乐。能感觉到自身存在的绝对孤独及其纯粹愉悦者，乃是真正的自由者，唯有这一自由者，才能不役于己、不役于物，才能与己与物在美的游戏中寓居于生命的本源状态，这意味着从抽象空疏的"泛爱万物天地一体"中转身，从"泛爱"转向具体之爱，从万物转向身边的"这位"他者，转向可以"面对面"的他、她、它，而不是"肩并肩"的他、她、它，而且根本上不是直面他、她、它的经验实在，因为那样意味着将其对象化、客体化、物化、工具化、可占有化，而是根本上直面他、她、它的"存在"本身，即在自己"存在"的爱与乐之中"直面"他、她、它的"存在"之爱之乐。

由此，可以走出《德充符》"所爱其母者，非爱其形也，爱使其形者也"所展示的形与形而上分裂的困境。"使其形者"到底何谓？是道？是天？是德？是内在精神？四者都难尽意，因为庄子明确说过，人的形、貌同样来自天、道。个体存在到底该如何界定？凭什么界定？黑格尔和巴塔耶对爱的界定指出了解决之道：一个人爱的对象只能是另一个人的爱。子所爱其母者，实际上爱的正是其母的爱本身，而不是别的东西。无论是子还是母，其个体存在，本质上都是由爱界定的。在爱中，形与使其形者存在于同一个体。爱是天与人、形而上与形而下、自由与自然、崇高与自然和谐为二的然与所以然。列维纳斯的爱的等待与希望，爱抚中绝对他异性的她的不可触摸与永远临近，使自然、个性、真切、现实的两性之爱以及其他的爱，天赋了一种道成肉身、神圣临在的崇高性，这不是作为人生现状之否定的崇高，而是人间之爱内禀本真之神圣性。崇高之情在美的情感、在爱中找到归宿，自由和自然虽然永远充满张力，但它们在爱中直面。

从物累转身、自反，从惠施宝玉的泛爱万物众人转向"我—你"面对面的爱，从黛玉的"情情"转向"情—情"，这是列维纳斯的启示，也是庄子的启示。

在先秦语境中，庄子对情感问题的重视弥足珍贵。哀、乐、无情，乃反其真，终归自然。自然之情，存在之乐，纯粹愉悦，是否能在各种具体时空语境中支撑起自由孤独的人生？爱的希望，是否曾降临庄子的沉浊天下和宝黛的荒唐世界？天地有大美而不言，庄子有大爱而寓言。芒乎昧乎，澄兮明兮，有待自反直面者也。

本文以《庄子情感哲学要义》为题原刊于《齐鲁学刊》2021年第4期

议

庄子哲学沉思

反观

邵雍的"反观",是对庄子之"观"的澄明,而康德的反思性判断力,可以视为对庄子之"观"和邵雍之"反观"的绝佳相应,这些概念关乎各自哲学的核心考量,需要深察。康德判断思想特别是反思性判断力批判,为理解特殊与普遍的关系以及自我与物(他者)的关系等开拓出新的地平线,而这正是庄子哲学的核心关切。反思性判断力与"反观"与"观"的相应,有助于澄明万籁与天籁,我与己、与物、与他者、与普遍、与绝对,有限与无限,自由与自然这些最根本的哲学关系。

判断问题是阿伦特的未竟之思,是她基于康德的《判断力批判》而企图展开的更为根本的思想探索。康德的判断力批判的重要性由此可见一斑。《判断力批判》对于康德批判哲学意味着什么?将判断力区分为规定性判断力和反思性判断力,意义何在?如何理解反思性判断力的思想史意义?在反思性判断力中,物是如何澄显或存在的?

将判断力区分为规定性判断力和反思性判断力，并基于反思性判断力重新思考界定审美、情感、认知、道德、自然、神学，是康德批判哲学的创见，具有重要的思想史意义。美的情感的自由与普遍可传达性是反思性判断力的基础，这种自由情感为我们对物的理解提供了新的可能性。

一

按照康德自己的说法，1770年他对人类认识能力及其局限性的发现，是他的思想转折点，这一转折的成果，是1781年出版的《纯粹理性批判》。这部划时代的哲学经典开启了哲学史上的哥白尼式革命，既为经验知识奠定坚实基础，又明确了经验知识的界限，其中对理性（Vernunft）和知性（Verstand）的界定与区分意义重大。在1787年《纯粹理性批判》[①]第2版前言中，康德的"我不得不扬弃**知识**，以便为**信念**腾出地盘"（BXXX）这一著名命题，道出的正是知性知识与理性信念之间的否定性关系。在随后的《实践理性批判》中，这个思路更为明确。知性关乎的是知识和真理，理性关乎的是纯粹思想、自由和存在的意义，"存在的真理"和"存在的意义"并不是一回事。正是这一区分，引发了德国唯心主义的兴起，但后来的哲学家并未真正领会和重视康

[①] 伊曼努尔·康德：《纯粹理性批判》，李秋零译，中国人民大学出版社，2004，第23页。

德的这一思想。①

批判哲学自身的这一张力,不是纯粹理性批判和实践理性批判所能够解决的:

> 知性对于作为感官客体的自然是先天地立法的,以达到在一种可能的经验中对自然的理论知识。理性对于作为主体中的超感性东西的自由及其固有因果性是先天地立法的,以达到一种无条件实践的知识。前一种立法之下的自然概念的领域和后一种立法之下的自由概念的领域,背逆它们独自(每一方根据自己的基本法则)就能够有的相互影响,被把超感性的东西与显象分离开来的那个巨大的鸿沟完全隔离开来。自由概念就自然的理论知识而言不规定任何东西;自然概念就自由的实践法则而言同样不规定任何东西;就此来说,架起一座从一个领域通向另一个领域的桥梁是不可能的。②

自由概念和自然概念之间没有直接的因果关系,它们处于两种完全不同的界域,具有本体论上的差别,一个是经验显象自然的知识域,另一个是经验自然知识之外的自由域。

---

① 汉娜·阿伦特:《精神生活·思维》,姜志辉译,江苏教育出版社,2006,第13、15页。阿伦特认为,虽然 Verstand 是 verstehen 的名词,一般英译为 understanding,但没有德文 das Verstehen 固有的内涵。参见叶秀山《王国维与哲学》,载其《中西智慧的贯通——叶秀山中国哲学文化论集》,江苏人民出版社,2002,第252页。
② 康德:《判断力批判》,李秋零译,载李秋零主编《康德著作全集》第5卷,中国人民大学出版社,2007,第204~205页。

但统合自由和自然为一个唯一的哲学体系（B868），是康德批判哲学自始至终的核心思路。《纯粹理性批判》中已经提出、在《实践理性批判》中进一步深化的至善概念，作为康德实践哲学的核心概念，其所要求的德福相配，根本上体现了康德统合协调自由与自然关系的努力。鸿沟难以跨越，关系必须建立，这里蕴含着康德批判哲学最重要的思想契机。为此，在自由与自然之间，必须一个特殊关联者，这个关联者就是判断力。就此而言，判断力批判不止于桥梁、纽带、中介的角色，而是使批判哲学在更深刻的基础上成为一体并最终成为批判哲学的核心角色。

判断力能担此大任的原因，在于它能够提供一种自然的形式合目的性概念，这个概念既不是一个自然概念，也不是一个自由概念，但它意味着作为自由概念结果的终极目的能够以某种方式在自然中实存的应当性和可能性。更进一步看，判断力乃是人类极其独特的整体性认知把握能力，它企图把握知性所不能而理性所必须的知识，这是知性和理性在各自规定的领域所不能企及的东西。以这种方式，自然的概念得以范导性地扩展，自由的概念获得某种实存的可能性。由此，人类的整体心灵能力在和谐愉悦中得以扩展、提升，进而，人与自己、与他者、与物、与自然、与世界的关系得以根本性调整和改善。

判断力的这种自然合目的性，是反思性的。康德不仅将判断力置于空前的哲学高度，而且创造性地将判断力区分为规定性判断力和反思性判断力，这一区分的重大思想意义，是本文探讨的重点。

在《判断力批判》导论中,康德明确将判断力区分为规定性判断力和反思性判断力,而这一区分的前身出现在《纯粹理性批判》关于理性理念对于知性知识的范导性应用中(B674、675)。如果理性是一种从共相推导出殊相的能力,它就是归摄的判断力,殊相被必然地规定,此乃"理性不容置疑的应用";而如果殊相是确实的,共相则只是被或然地假定,是为"理性的假设性的应用",它对于知性知识的系统统一性具有范导性意义。到了《判断力批判》,判断力才真正从知性和理性中独立出来,专门解决普遍性与特殊性之间的关系:

> 一般判断力是把特殊的东西当做包含在普遍的东西之下、来对它进行思维的能力。如果普遍的东西(规则、原则、法则)被给予了,那么,把特殊的东西归摄在普遍的东西之下的判断力(即使它作为先验的判断力先天地指明了诸条件,惟有依据这些条件才能被归摄在那种普遍的东西之下)就是**规定性**的(bestimmend)。但如果只有特殊的东西被给予了,判断力为此必须找到普遍的东西,那么,这种判断力就纯然是反思性的(reflektierend)。①

按照康德的这段表述,知性对于自然的立法以及实践理性对意志的立法,已经被含摄在判断力之中了,而且《纯粹

---

① 康德:《判断力批判》,李秋零译,载李秋零主编《康德著作全集》第5卷,中国人民大学出版社,2007,第188~189页。

理性批判》和《实践理性批判》的基本工作都应该属于规定性判断力，而《判断力批判》，包括审美判断力和目的论判断力，则属于反思性判断力。严格讲，《判断力批判》应该为《反思性判断力批判》。

二

理解反思性判断力，成为理解《判断力批判》以至于整个批判哲学的关键。

> 反思性的判断力的职责是从自然中的特殊的东西上升到普遍的东西，因此它需要一个原则，它不能从经验借来这个原则，因为这原则恰恰应当为一切经验性的原则在同样是经验性的、但却更高的原则之下的统一性提供根据，因而为这些原则相互之间的系统隶属的可能性提供根据。因此，这样一个先验原则，反思性的判断力只能当做法则自己给自己确立，不能从别处拿来（因为若不然，它就会是规定性的判断力了），也不能指定给自然，因为关于自然法则的反思取决于自然，而自然并不取决于我们力图去获得一个就这些法则而言完全是偶然的自然概念所依据的那些条件。[①]

相对于出自知性的普遍的自然法则，反思性判断力旨在

---

① 康德：《判断力批判》，李秋零译，载李秋零主编《康德著作全集》第5卷，中国人民大学出版社，2007，第189页。

为知性的普遍性法则不能规定的特殊的东西寻找特殊的法则，这样一种关于特殊自然的先验原则，虽然是经验自然杂多统一性所必须，却根本上不是判断力对自然的立法，而是判断力的自我立法；而判断力的自我立法，立的却是"自然的形式合目的性"之法，换言之，作为一种高级认知能力，反思性判断力对自然对物的认知和把握，关乎的是自然的"形式"和"合目的性"。形式指的是不同于知性显象的质料性实在，是具体特殊事物自身显现的样子；合目的性则本质上区别于知性和理性普遍的合法则性，而且目的的根据不在自然，而在判断力的主观之中。判断力通过自我立法，在自身之中达致心灵诸认知能力的内在协调，由此把自由的（终极）目的体现于自身（自我目的），并进而体现于自然（自然的合目的性），自由与自然在反思中得以协调一致。

反思性判断力的核心，在于反思中心灵协调与愉悦的自由游戏状态，这种自由的情感乃是判断的规定根据。[1] 这是审美判断力批判的核心内容，也是整个判断力批判的基础，目的论判断力的合目的性，乃至知性能力在自然中方向的确定，都需以此为基础。[2] 而审美判断力批判的主要任务，是论证具体、特殊、偶然、变幻不定的情感如何能成为判断的规定根据，也就是证明情感的自由与普遍可传达性。

---

[1] 康德：《判断力批判》，李秋零译，载李秋零主编《康德著作全集》第5卷，中国人民大学出版社，2007，第201页。
[2] 康德：《判断力批判》，李秋零译，载李秋零主编《康德著作全集》第5卷，中国人民大学出版社，2007，第203页。

判断是思考特殊事物的能力，反思性判断力对特殊事物的思考，不同于知性自然法则对事物的规定性强制，也不同于道德法则对意志的规定性强制，而是一种通过想象力进行的沉思性的自由的思考。由规定性判断力而来的科学知识和纯粹道德诫命，虽然都是人生不可或缺的基本需求，但比较而言，反思性判断力对于我们的生活似乎更切身。知识可以不断地学习积累，道德可以不断地提升，而反思性判断力，作为一种特殊的天赋机智才能（B172），乃是人日常生活随时随地必须的行为。判断随时需要，而且每一次判断都是境遇性的、全新的、不可替代的、不可"被代表"的、不可被概括的。康德所要做的，是澄显出这些随机偶然性判断能力中确定、可靠、普遍的东西，从而使判断具有先验性。这种具体特殊中判断出的普遍性，与规定性判断中的普遍性不可同日而语，它们是性质不同的普遍性诉求，明确这一点至关重要，对情感、认知、道德、宗教乃至历史的理解将因此而大为不同。就此而言，反思性判断力与规定性判断力也是根本不同的两种能力，不具有相互含摄的直接关系，而是以各自不同的方式服务于人的生存。

反思性判断力的精髓体现在鉴赏判断中，鉴赏判断关于美的界定，应该视为整个批判哲学最核心的思想。

比如，如何界定玫瑰的美？"玫瑰花是美的"，"一朵玫瑰花是美的"，这些原则上都不是鉴赏判断，都与美无关。美只可能存在于"这朵玫瑰是美的"这一基于具体语境的判断中。鉴赏判断意味着当下情感意向的具体投向和观照，这是直接鲜活可感的场景，此刻的心灵情感是生动敞开的。而且，此刻我做出的"这朵玫瑰是美的"这一鉴赏判断，不能代替昨天或明天或任何其他时空中我做出的"这朵玫瑰是美的"这一鉴赏判断，哪怕是就同一朵玫瑰。美的鉴赏不存在一劳永逸，它要求每一次的美！每一次的美都是独一无二、新鲜如初的。可以说，特殊性是鉴赏判断的第一诉求，鉴赏之美仅仅是关于具体事物的美，超出具体可感的特殊事物，可以有知识，可以有道德，但没有美。这是美的第一层含义，紧接着是美的第二层含义：每一次都是独一无二、新鲜如初的美，又是共通的、共同的，是可以普遍要求于所有人、所有条件的。这是康德对美的基本界定，在这种界定中，美承荷的实际上是哲学最沉重的使命。

从前批判时期到《判断力批判》，从美的问题到崇高问题，康德最重要的美学对手是埃德蒙·柏克。尽管康德寻求一种不同于柏克经验主义的先验美学解释，但两人都诉诸判断力和情感的共同原则。在其著名的对美与崇高观念之起源的哲学考察中，柏克开篇论及的正是这种共感原则：

> 如果不存在一些人类共同的判断力和情感原则，那么他们的理性与激情将不足以维持生活中最普通的一致性。[1]

---

[1] Edmund Burke, *A Philosophical Inquiry into the Origin of Our Ideas of the Sublime and Beautiful*, Digireads.com Publishing, 2009, p. 9.

美，充分体现出康德对判断力与情感中共同、共感原则的思考。在《判断力批判》中，康德使用不同的概念表示共感。美应该是共通的，美的鉴赏要求每一个人赞同。在第20节，这种赞同的根据乃是主观的情感原则，即Gemeinsinn（共感），这种情感性的共感，与被称为sensuscommunis的共感有着本质的不同，后者乃是基于概念的普通知性的共感。而到了著名的第40节，两种共感的关系发生变化，情感的共感与健康知性的共感之间实现了某种会通，情感共感在充分观照健康知性共感精神的前提下，成为比知性共感更根本的共感，由此，审美判断力也就比理智判断力更能领有一种共同情感这个名称。美的共同情感原则的先验性就此得以确定，这是美的情感普遍必然可传达性的基础。

问题在于如何理解这种情感共感。共感意味着判断主体普遍具有某种共同的心灵机制，这种心灵机制的鉴赏功能，根本上不是来自心理—生理，而是来自自发—自由，需要在鉴赏评判中自由创造出来。这种共同机制的心理基础是想象力与知性之间的关系，这是每一个具有正常知性和情感能力的人都具有的共同的心理条件。但鉴赏和美所以可能，在于使这种关系处于游戏的和谐之中；这种共同的心理条件所以能被唤起并达致和谐，在于其绝对自发性的自由能力，唯有靠这种先验自发的自由，心灵诸职能之间的自由和谐关系以及由此而来的或为此关系之基础的特殊却又普遍可传达的美的纯粹愉悦情感，才有可能。康德在《纯粹理性批判》中所独创的作为人格最根本规定性的先验自由（B474），在此通过想象力发挥作用。是自由的想象力唤醒知性，而知性无需概念就把想象力置于一种合规则的游戏之中，此刻，表象不是与知性客体及其实存相关，而是在其对对象的形式性观照中仅仅与主体情感相关，作为心灵的一种合目的的状态的内在情感而普遍地可传达（§40）。

在此，作为人类基本认知能力的想象力与知性都脱离了它们的常态，进入一种焕发状态。作为直观能力的想象力，挟其感性直观色彩，成为自由的想象力，成为一种自由的创造能力，感性自然与先验自由在这种想象力中合体。自由的想象力成为主体最渊深的生命力，正是凭借这种能力，知性的概念权力被悬置被扬弃，仅仅作为一种形式性、反思性的范导能力存在，这是知性能力全新的一种面相。由此，两种被自由唤醒、点燃的认知能力构成了一种纯粹、自由、合目的性的愉悦关系，这是一种无目的的合目的性，是美的鉴赏才有的"自由的合目的性"，根本不同于道德的"法则的合目的性"（§39）。

就此而言，反思性判断力乃是自由的判断力，反思意味着：（1）在反思中主体自身的自由，这种主体自由本质上表现为情感自由；（2）在反思中物的自由，这种物的自由在于它脱离了知性概念的规定性和自身实存的质料性，作为纯粹的形式澄显于自由情感的观照中，这种纯粹的形式性，乃是物的自在、自然，是物在其自身。

三

德国唯心主义的核心目标,是克服康德在显象与物自身之间制造的分裂,以及与此相关的必然性与自由、感受性与自发性之间的分裂。在《论斯宾诺莎的学说》这部德国唯心主义发端时期的重要文本中,雅可比(F. H. Jacobi, 1743 – 1819)为了克服这种分裂,诉诸我们自身存在的情感(feeling),而不是概念。德国唯心主义的情感之路由此开启,这一理论强调情感能力与知识概念能力的分别与对比,强调情感传达方式的非概念性,认为主体与世界之间最根本的联系乃是基于直接的情感(immediate feeling),而不是间接的概念(mediated concepts)。[1]

德国唯心主义克服康德哲学难题的努力方向,实际上是康德自己开启的。《判断力批判》中蕴含的情感思想虽然引发了唯心主义者和浪漫主义者的兴趣,却没有得到他们充分的反思。康德情感思想的充分澄显,需要独特语境中鉴赏力的自由绽放,这种自由鉴赏的可能性与人类生存的命运息息相关。现代极权主义造成的空前的人类灾难,悲剧性地开启了这种自由鉴赏的窗口,使得阿伦特与康德在反思性判断力中深度相遇。

---

[1] Andrew Bowie, "German Idealism and thearts", *The Cambridge Companion to German Idealism*, ed. by Karl Ameriks, Cambridge University Press, 2000, pp. 242, 244.

20世纪70年代，在其生命的最后几年，阿伦特追寻康德批判哲学的思路，展开对人类心灵生活（The Life of the Mind）的研究，先后写出《思维》（Thinking）、《意志》（Willing），最后要写的《判断》（Judging），应该是她思想的真正归宿，她计划像康德的第三批判那样，以此来解决前两部著作特别是意志问题所留下的思想困局。遗憾的是，在写完《意志》之后的第三天，阿伦特就与世长辞，打字机上留着她的一页稿纸，上面只有 Judging 这个标题和两段引语。阿伦特未能完成自己关于判断力的专著。好在她留下了不少相关的论述，而这些论述多与康德密切相关。像康德一样，自由概念也是阿伦特思想的核心话题。阿伦特借助奥古斯丁的"出生"理论，重思康德关于绝对自发性的先验自由思想。时间和人是被上帝一起创造的，每一个人的生命不能归功于种族的繁衍传承，而是归功于出生，新的被造物作为某种全新的东西出现在世界的时间连续体中。人的创造在于其出生，出生意味着生命的开端，此前一无所有。而这生命的绝对开端，意味着我们因出生而命中注定的自由。[1] 悲剧由此而来，因为对于人类脆弱的意志力来说，这种命定（fated）、注定（doomed）的自由，显得无可逃避地沉重：

> 阿伦特提出的问题是：像意志力（faculty of willing）这样极端偶然且短暂易逝的东西，如何能为人类自由提

---

[1] 汉娜·阿伦特：《精神生活·意志》，姜志辉译，江苏教育出版社，2006，第239~240页。

供坚实的基础呢？[1]

人类的意志无法为自由提供稳定、可靠、坚实的基础，于是阿伦特像康德一样，把为自由奠基的希望托付给判断力。不同在于，意志的自由与自律对于康德来说毋庸置疑，反思性判断力只是一种更完善更深入的解决方式；而对于经历了极权主义浩劫的阿伦特来说，她深知人类意志的不可靠，她只能寄希望于判断力。因为，"下判断，能够让我们在特殊物的偶然性中感受到一种积极的快乐。这里，阿伦特的想法是，人类往往感到自由的'沉重责任'是一种不可承受的负重，所以他们就寻求各种学说——比如宿命论或历史进步的理念——来规避这种重负，而实际上，人类自由要被确认，惟一的出路就是经由对人们的自由行为的反思和判断从人们的自由行为中引发出快乐"[2]。

自由的基础和希望在判断，在反思性判断中绝对自发性的、常新如初的快乐情感，使自由变得积极起来，变得可以接受，变得乐于接受。自由的生命应该是快乐的生命，美应该是其本质，或者说，只有美，亦即只有美的自由情感，能够成为自由坚不可摧的基础，成为生命的底色和本质。在这一至关重要的情感问题上，阿伦特点到为止，没来得及做更

---

[1] 罗纳德·贝纳尔：《汉娜·阿伦特论判断》，载汉娜·阿伦特《康德政治哲学讲稿》，罗纳德·贝纳尔编，曹明、苏婉儿译，上海人民出版社，2013，第172页。

[2] 罗纳德·贝纳尔：《汉娜·阿伦特论判断》，载汉娜·阿伦特《康德政治哲学讲稿》，罗纳德·贝纳尔编，曹明、苏婉儿译，上海人民出版社，2013，第172~173页。

多的阐发,好在我们可以"代表"她回归康德就此展开的细致入微的思考中去。

康德关于判断中情感问题的论述集中在《判断力批判》第5节和第39节。在第5节,康德比较了愉悦(Wohlgefallen)的三种不同方式。适意者有一种生理学上有条件的愉悦,善者有一种纯粹的实践的愉悦,二者都与欲求能力有关,不仅关乎对象,而且关乎对象的实存。与此相反,鉴赏判断纯然是静观的、沉思的(kontemplativ)、反思的,对对象的存在漠不关心,仅仅把对象的性状与情感加以对照,不同于理论的认识判断,也不同于实践的认识判断,因而既不基于概念,也不以概念为目的。在愉悦的这三种方式中,唯有对美者的鉴赏的愉悦才是一种没有兴趣利害的自由的愉悦;因为没有任何兴趣利害,那么感官的兴趣和理性的兴趣都无权来强迫做出赞许。任何兴趣利害的强迫"都没有留给我们使某种东西成为我们自己的一个愉快的对象的自由",都"不再让关于对象的判断是自由的"。唯有这种自由的判断,具有自由的愉悦情感,并能在这种情感自由中,把同样的自由还给对象,因为美的鉴赏"只是拿愉悦的对象做游戏,并不眷恋一个对象"(§5)。

在第5节,康德强调了鉴赏判断愉悦情感的纯粹自由,在第39节则着重于其独特的普遍共通性。感官的适宜基于刺激和被动性,是一种享受的愉快,既不自由,也不能要求每个人的承认;道德情感所展示的是有法则的合目的性,而不是自由的合目的性,其普遍性来自实践理性的规定性强制;

对自然的崇高者的愉快，作为玄想静观（Kontemplation）的愉快，虽然也有对普遍同情的要求，但自身并不具有真正的普遍性，其普遍性最终需要仰仗道德法则的命令。"与此相反，对美者的愉快（Lust）却既不是享受的愉快，也不是一种有法则的活动的愉快，也不是按照理念的玄想静观的愉快，而是纯然静观反思的愉快。不以某种目的或者原理为准绳，这种愉快伴随着对一个对象的平常的把握"（§39）。

至此，康德从纯粹自由和普遍可传达性两个方面对反思性判断力及其愉悦情感进行了充分论证，为自由找到了坚实的支撑，这应该是阿伦特所渴望的结果。

需要强调的是，康德在上述两个重要章节阐述美的自由情感的同时，最后都落脚在这种自由愉悦情感与对象的关系上。简言之，在美的判断中，一方面是人自身的自由，另一方面是人与对象关系的自由，这是审美自由不可或缺的一体两面。美敞开了对象的存在，物得以以前所未有的方式自由地澄显出来。

四

一般而言，物即自然，但在康德乃至德国哲学的语境中，其含义丰富，意味着客体、对象、事物、事件，意味着我与他者，意味着物自身以及终极之物。

物的问题，根本上是对待物的态度和方式的问题，也就是物自身存在的态度和方式的问题。关于这种态度和方式，康德的表述意味深长。

> 在愉悦的所有这三种方式中，惟有对美者的鉴赏的愉悦才是一种没有兴趣（利害）的和自由的愉悦；因为没有任何兴趣，既没有感官的兴趣也没有理性的兴趣，来强迫作出赞许。……一个偏好的对象和一个由理性法则责成我们去欲求的对象，并没有留给我们使某种东西成为我们自己的一个愉快的对象的自由。一切兴趣都以需要为前提条件，或者是产生一种需要；而作为赞许的规定根据，需要不再让关于对象的判断是自由的。（§5）

> 风尚的鉴赏却只是拿愉悦的对象做游戏，并不眷恋一个对象。（§5）

> 对美者的愉快……是纯然反思的愉快。不以某种目的或者原理为准绳，这种愉快伴随着对一个对象的平常的把握。（§39）

在此，康德的物观，是纯然反思性的；纯然反思性，即无利害、无需要、非强制、不眷恋、不依赖，即平常的把握，即自由的把握。自由的把握的对立面是什么？是不平常的把握，是占有。

占有是个经济学概念，涉及所有权，来自欲望与意志不可遏制的无限权力（权利），具有明确的私有性和排他性，不可剥夺，难以让渡。但正是这个概念，支撑着西方形而上学与真理的历史。"每当海德格尔打开存在的问题，并将它归于所有物的问题、独有、占有的问题（自产的 eigen、居有 eignen、居有/发生 ereignen，尤其是本有 Ereignis）的时候，这个开裂就突然出现了。"① 海德格尔对形而上学真理的理解，对存在问题的追问，有赖于他和尼采的深度对话。尼采《善恶的彼岸》开篇是这样写的：

> 假如真理是一个女人——，那又怎样？这个猜疑没有根据么：所有哲学家，只要他们是教条论者，难道不是全都不善于对付女人么？迄今为止，他们扑向真理时惯有的那种吓人的严肃和别扭的纠缠，对于占有一个娘们儿（Frauenzimmer）来说，难道不正是既不机灵又不得体的手段吗？当然，真理没有让自己被占有……②

如果被占有，那么无论对于真理还是女人，都会是悲剧性的，因为当你拥她入怀的时候，当你揭开她美丽面纱的时候，你不会看到美丽，你只会发现自己一无所获，一无所有，因为面纱之下只有虚无。对于占有，真理和女人一样，都是遥不可及的远方。因为你意欲占有的，或者说，凡被你占有的，都只是一个 Frauenzimmer。这是一个轻蔑的用词，指一个随便的女人。而真正的女人和真理一样，不应该是欲望和占有的对象，不应该是一般意义上的物或什么东西，作为需

---

① 雅克·德里达：《马刺：尼采的风格》，成家桢译，华东师范大学出版社，2018，第126页。
② 尼采：《善恶的彼岸 论道德的谱系》，载《尼采著作全集》第5卷，赵千帆译，商务印书馆，2015，第5页。

要之对象的工具性的物或东西，而应该是物之在其自身，是作为目的的物。适合目的之物的不是占有，不是拥有，而是欣赏、享受乃至"分有"，柏拉图意义上的"分有"。

> 惟有极其精巧和纯粹的灵魂才可能以享受的方式拥有客体；它是如此的丰富，因而足以依靠自己最本真的内在性来生存。①

西美尔深谙康德美学的精髓，这是西方美学思想的精髓，也是整个西方哲学的底蕴和精髓所在。柏拉图《会饮》中对美本身的描述，留下了美的永恒印记，美本身"自体自根、自存自在，永恒地与自身为一，所有别的美的东西都不过以某种方式分有其美；美的东西生生灭灭，美本身却始终如是，丝毫不会因之有所损益"（211b）②，道出的是美的纯粹自由与永恒自在。鉴赏判断中美的愉悦情感，纯粹而自由，展现的正是"极其精巧和纯粹的灵魂"，这种灵魂自由而丰富，有丰沛的生命力量去观照/沉思/享受乃至"给出"/"敞开"自己、他者、万物的存在。万物皆备，各得其所，就像西美尔的那朵玫瑰，它"继续生活在自我欢娱的美丽中，以令人欢欣的漠然对抗所有变迁"③。

---

① 西美尔：《玫瑰：一个社会学假设》，载其《金钱、性别、现代生活风格》，顾仁明译，华东师范大学出版社，2010，第106页。
② 柏拉图：《会饮》，载《柏拉图的〈会饮〉》，刘小枫等译，华夏出版社，2003，第91~92页。
③ 西美尔：《玫瑰：一个社会学假设》，载其《金钱、性别、现代生活风格》，顾仁明译，华东师范大学出版社，2010，第107页。

美的漠然，不是无情，而是自在，物的从容自在，自己的自在与他者的自在。他者的自在、自由，亦即我的自在、自由，这是美的本质。"物"这一概念，使"我"不再孤独，能准确地体现出他者这一美的本质。康德在《判断力批判》第40节，专门以"站在别人的地位上思维"，展示健全知性和鉴赏的"开阔性"，揭示的就是他者这一维度。这是美的社会性维度，更是其"自然"维度，也就是物的维度。这一维度，经典地澄显在邵雍的"以物观物"中。

> 不我物，则能物物。……以物观物，性也；以我观物，情也。性公而明，情偏而暗。（邵雍《观物外篇》下之中）①

> 夫所以谓之观物者，非以目观之也。非观之以目而观之以心也，非观之以心而观之以理也。……夫鉴之所以能为明者，谓其能不隐万物之形也。虽然，鉴之能不隐万物之形，未若水之能一万物之形也。虽然，水之能一万物之形，又未若圣人之能一万物之情也。圣人之所以能一万物之情者，谓其圣人之能反观也。所以谓之反观者，不以我观物也。不以我观物者，以物观物之谓也。既能以物观物，又安有我于其间哉！是知我亦人也，人亦我也，我与人皆物也。此所以能用天下之目为己之目，其目无所不观矣。用天下之耳为己之耳，其耳无所不听

---

① （宋）邵雍：《邵雍集》，郭彧整理，中华书局，2010，第152页。

矣。用天下之口为己之口，其口无所不言矣。用天下之心为己之心，其心无所不谋矣。夫天下之观，其于见也不亦广乎？天下之听，其于闻也不亦远乎？天下之言，其于论也不亦高乎？天下之谋，其于乐也不亦大乎？夫其见至广，其闻至远，其论至高，其乐至大，能为至广至远至高至大之事而中无一为焉，岂不谓至神至圣者乎？非惟吾谓之至神至圣，而天下亦谓之至神至圣者，非惟一时之天下谓之至神至圣，而千万世之天下亦谓之至神至圣者乎？过此以往，未之或知也已。（邵雍《观物内篇》第十二篇）[1]

邵雍的反观或以物观物，关乎作为庄子哲学核心概念的"物"与"观"，是庄子思想的绍续与澄明，旨在分辨、打通主客，成就并贯通自由与自然，求其和谐为二。以物观物之为反观，是对以我观物之反，反于以物观我、以物观人、以物观物、以人观人之全方位的观照。"我与人皆物也"，意味着康德所强调的"开阔的思维方式"和置身于他者的"普遍的立场"，其要义，是在反思中通过以物观物，将我、人、物同时置于纯粹、自由、自在、客观、公正、不偏倚的视域中，求其先验性理层面的天下之观。在这种反思性判断中，我、人、物得澄、得成，纯粹的主体、纯粹的物、纯粹的知识，在反观中同时成就。"万物静观皆自得"，实为"万物反观（反思）皆自得"。到了明末清初，程智把这个理路说的

---

[1] （宋）邵雍：《邵雍集》，郭彧整理，中华书局，2010，第49页。

更为透彻："挟天地以独立曰真我，播万物而不染曰真知"，"纵横交错，物各自物，曰真物"。①

至此，物的问题有了答案。对待物的合适态度和方式，应该是不把物当作"我的"物，不把物视为"我的"财产去占有，而是应该以物的方式看待物，把物当成/还给物，以其自身的样子去观照、享受。"天下之观，其乐至大"。分享（有）了美本身的人，也在自身之中敞开了他者和万物自身，这种自身，是自由，也是自然，本质上是自我目的性的存在，是目的本身，而不是任何意义上的工具和手段。这是每一个人（乃至某种意义上的每一个物）的尊严所在，也是自然与社会的终极目的，神圣不可剥夺。由此而来的，是社会政治层面的基于个体自由的、普遍可传达的自然自发社会公共秩序，亦即无目的的合目的性秩序，这是反思性判断力所蕴含的重要政治含义，以根本区别于基于规定性判断力之理性设计的、外在强迫个体存在的社会政治秩序。这一区分意义重大，也是康德判断力批判与庄子哲学的重要相应处。

最后，关于物，有一个悬而未决但必须面对的问题，那就是终极物的问题。阿伦特所说的终极物：

> 我相当确信，倘若人们依然还信仰上帝，或者，哪怕还相信地狱——也就是说，倘若真还有什么终极物存在的话，那么整个极权主义的浩劫都不会发生。没有什么终极物了。你我都知道，根本没有什么终极物可以让

---

① 赵广明编《程智集》，社会科学文献出版社，2019，第23页。

我们切实有效地依靠。我们无法求诸任何人。①

在阿伦特那里，人类自己制造的巨大灾难宣告了作为终极支撑的上帝之死，也否定了人类意志的可靠性。阿伦特仅有的指望，似乎就是康德的反思性判断力中所散发出的那一缕美的光芒。其实康德以及尼采等人早已不同程度地否定过终极之物的存在，但这不妨碍他们以新的路径和方式思考终极之物，因为信仰对于生命和自由是不可或缺的。

也许答案就在那一缕美的光芒之中。以美为基础的反思性判断力，从情感愉悦到自然的合目的性，探求的是自由与自然和谐的可能性，这种可能性正是至善概念所要求的。至善的可能性，意味着上帝临在的可能性，而自由情感作为一种最为切身的情感，意味着这种可能性的可靠根基。

我们将看到，这种自由情感，对于庄子的道德、道论乃至于天下学说具有同样的意义。自由情感与自由之思，乃是哲学的命脉所在，是生命精神的根基，也是自由儒学的根基。

本文以《反思性判断力与物》为题原刊于《云南大学学报》（社会科学版）2020 年第 5 期。收入本书，内容有修改。

---

① 罗纳德·贝纳尔：《汉娜·阿伦特论判断》，载汉娜·阿伦特《康德政治哲学讲稿》，罗纳德·贝纳尔编，曹明、苏婉儿译，上海人民出版社，2013，第 169 页。

物论

从《逍遥游》《齐物论》到《天下》,"物"一直是庄子哲学思想的核心概念。天地,万物,人神,乃至于道,皆物也。庄子"物"论,关涉物与事,关涉人与己、人与他者、人与物、物与物以及万物与道的多重关系,是澄明庄子哲学的必由路径。

庄子论物,首推《齐物论》,齐物的逻辑可以视为《庄子》一书的主旨。这也意味着,要透彻庄子齐物思想,既要立足《齐物论》,又需结合《庄子》全书诸篇,特别是《天下》。被视为先秦学术思想总论的《天下》,是理解诸子思想特别是老庄思想的经典资料,而其判别诸家之学的一个重要理路,就是辨析各家对于物的不同理解和态度。

一

《天下》在纵论百家之前有个总论,总论旨在区分方术与道术，揭示当时学术思想的古今之变，以明天下大乱、百家往而不反、道术将为天下裂。

道术者，内圣外王之道也。"圣有所生，王有所成，皆原于一。"内圣外王的根本，在于皆"原于一"。一者，道也。《天下》借关尹、老聃之说界定道论的基准。

> 以本为精，以物为粗，以有积为不足，澹然独与神明居。古之道术有在于是者。关尹、老聃闻其风而悦之。建之以常无有，主之以太一，以濡弱谦下为表，以空虚不毁万物为实。（《庄子·天下》）

这个基准的实质，在于无与有的关系，也就是道与物的关系。一，本，精，虚，无，道也；万物，末也，粗也，积也，实也，有也。本末有别，精粗一体，古之道术在焉："古之人其备乎！配神明，醇天地，育万物，和天下，泽及百姓，明于本数，系于末度，六通四辟，小大精粗，其运无乎不在"（《庄子·天下》）。本于精而万物育，本于无而有万类，道充天地，其运无乎不在。物之"有积"虽然可以无尽，却需"有"而能"无"能"虚"，往而能反，将欲全有必反于无；无标示的是道之绝对性、根本性，同时是无穷之物之"有积"的界限性。"有积"的界限性，是其"不足"，不过这不足不是"有"本身的"错"，而是其"相对于""无"的"原罪"；这"不足"之"原罪"，并未否定"有"之"物"本身的价值与意义，而是来自反思，来自主体的一种"濡弱谦下"的表示、吁请、呼告，是主体的自我空虚、自我限定所引发，是由此而来的使得"形物自著"得以可能的自我无限"敞开"、无限"宽容"的可能性。不积而愈有，虚己而愈多。由此出发，将导向庄子关于主体更为深刻的思想。

"道"者，"言"也，"名"也，"观"也，《道德经》开篇已经将道家思想的主体性维度绽开。有、无问题，根本上关乎主体的人生"观"、存在"观"问题，关乎如何"观"物、"观"己以至于"观"道的问题。有无之辨，关乎道论、物论以至于人论的灵魂，要在如何理解"建之以常无有，主之以太一"。

> 所谓"建之以常无有"者，非徒建"无"之一谛以明道之"常"；乃建"无"与"非无"两义以明道之"常"；斯其所以为"玄"也。……"玄，悬也，凡物理之所通摄而不滞于物者，皆玄也。"夫建"常无"，一义，以观道"妙"而明"有"之非真"有"，又建"常有"一谛以观道"徼"而明"无"之非真"无"；然后通摄有无而无所滞；斯之谓"玄"。"玄"之为言"常无有"也。[①]

道者，通摄有无而不滞于物。不滞于物，一则宽容于物、不毁万物，物得自在；二则，物物而不物于物，"我"得自

---

① 钱基博：《读〈庄子·天下篇〉疏记》，载张丰乾编《〈庄子·天下篇〉注疏四种》，华夏出版社，2009，第125～126页。

由。"自天地以及群物,皆各自得而已,不兼他饰,斯非主之以太一邪?"① 道与物之间,由此澄显出自然、自由的关系。得此道术者,澹然独与神明居,逍遥乎有无之间,自主于太一,见天地之纯,赏天地之美,得万物之理,察古人之全。

《天下》借关尹、老聃之说所阐明的,乃是内圣外王之道术,而非后来的方术。后来,"天下大乱,贤圣不明,道德不一,天下多得一察焉以自好。譬如耳目鼻口,皆有所明,不能相通。犹百家众技也,皆有所长,时有所用。虽然,不该不遍,一曲之士也。……寡能备于天地之美,称神明之容。是故内圣外王之道,暗而不明,郁而不发,天下之人各为其所欲焉以自为方。悲夫,百家往而不反,必不合矣!后世之学者,不幸不见天地之纯,古人之大体,道术将为天下裂"(《庄子·天下》)。

"天下大乱",乱者何谓?借用郭象的话,因物而乱:"乱莫大于逆物而伤性也"②。逆物,指的是不能顺物之性而为物所累、所伤,滞于物、役于物而不能自反于己、于道而自适其性,人与物皆因此而自失沉沦。百家由此而始,背天离道,往而不反。

百家之辨由墨翟、宋钘始,荀子《非十二子》将其并

---

① (晋)郭象注,(唐)成玄英疏《庄子注疏》,曹础基、黄兰发点校,中华书局,2011,第567页。
② (晋)郭象注,(唐)成玄英疏《庄子注疏》,曹础基、黄兰发点校,中华书局,2011,第561页。

称，谓其"上功用、大俭约而僈差等"。庄子《天下》对两家之学有更细致的分辨，由物而辨。墨翟"不侈于后世，不靡于万物，不晖于数度"，宋钘"不累于俗，不饰于物，不苟于人，不忮于众"，"接万物以别宥为始"，"君子不为苛察，不以身假物"，都表现出物物而不物于物的俭约、节制态度。但重要的是，在这种待物的俭约节制态度中，庄子拈出其对待自己的态度和方式，而正是在这种对待自己的态度和方式中，蕴含着其对待生命和万物的态度和方式，这种态度和方式决定了其思想学说是否合乎内圣外王之道。墨家"以自苦为极"，"为之大过，已之大循"，"以此教人，恐不爱人；以此自行，固不爱己"，结果是苛物、苦己、苦人，皆失其性。"其生也勤，其死也薄；其道大觳，使人忧，使人悲，其行难为也，恐其不可以为圣人之道"，如此则不足于内圣；"反天下之心，天下不堪！墨子虽独能任，奈天下何？离于天下，其去王也远矣！"如此则无缘外王。[①] "墨子真天下之好也"，但有悖内圣外王之道，其意虽是，其行则非。在这一点上，宋钘之学近于墨，虽以宽宥万物、均平天下、人我之养毕足为己任，但"其为人太多，其自为太少"，先生不得饱，弟子更饥，"以情欲寡浅为内"，荀子因此斥之为"宋子蔽于欲而不知得"（《荀子·解蔽》）。蔽于欲，即苦其性，与墨家自苦无异，皆有违于人性自然，"必不合"

[①] 钱基博：《读〈庄子·天下篇〉疏记》，载张丰乾编《〈庄子·天下篇〉注疏四种》，华夏出版社，2009，第110页。

内圣外王之道，去老庄之学远矣。

辨别墨宋之学与老庄之道，要在虚己与苦己的不同，这关乎庄子"物"论之本质。"己"的问题，实际上是"物"的问题的本质所在，《天下》对彭蒙、田骈、慎到的描述使得这一问题的本质进一步彰显。"物"字在论述彭蒙、田骈、慎到这短短一节中出现了八次，可以说物论关乎其学说之根本，而且看起来其物论与老庄之学颇为相似："公而不党，易而无私，决然无主，趣物而不两，不顾于虑，不谋于知，于物无择，与之俱往"，"齐万物以为首"，"知万物皆有所可，有所不可"，"弃知去己，而缘不得已，泠汰于物以为道理"，"椎拍辊断，与物宛转，舍是与非，苟可以免"。齐万物而超是非，绝圣去知而无己，任物随化而自然，乃是道家之精神，彭蒙、田骈、慎到之论与之何异？异在"决然无主，趣物而不两"。在此，庄子一改曼衍寓言风格，以庄语重言，直陈其真，惜墨如金，字字精当，其义自显：

> 椎拍辊断，与物宛转，舍是与非，苟可以免。不师知虑，不知前后，魏然而已矣。推而后行，曳而后往，若飘风之还，若羽之旋，若磨石之隧，全而无非，动静无过，未尝有罪。是何故？夫无知之物，无建己之患，无用知之累，动静不离于理，是以终身无誉。故曰："至于若无知之物而已，无用贤圣，夫块不失道。"豪桀相与笑之曰："慎到之道，非生人之行，而至死人之理，适得怪焉。"（《庄子·天下》）

形若槁木心如死灰，乃是庄子一再展示的入道境界，与慎到的无主无知无己之物所表达的"死人之理"甚近。但，庄子的无己，是一种现象学的自我还原，是"虚己"，不是"没己""死己""物己"，"无己"之"无"乃空无、虚无、无为，无为不是不为，而是无"伪"、不"伪"，是"丧"是非矫伪之"我"以复自然无伪纯真率性之"吾"，是"己"由"死"而"生"。与此相比，慎到的"无主""去己""无己"，算得上名副其实的"物，物，太物了！""自然，自然，太自然了！"知虑尽弃，自主全无，"己"全然如风、如羽、如石，"推而后行，曳而后往"，全然"物化"，"己"义尽失，"人"味全无。慎到之"齐万物"，本质上是把人、把自己、把主体性根本上抹煞掉，仅仅齐之为、视之为自然之一物，其道堪称"反人"，其理可谓"死人"，庄子用语一针见血。如果说庄子的"无己"乃是由"死"而"生"，体现的是自主，是物物而不物于物，那么慎到的"无己"应该是由"生"而"死"，是物于物、死于物而自失而远离物物之道。就此而言，"弱于德，强于物"、"散于万物而不厌"、"逐万物而不反"的惠施，与彭蒙、慎到没有本质区别，皆自失于物而背离内圣外王之道，根本上区别于老庄之道。

《天下》百家之论，以悲惜惠施终篇，将老、庄置于慎到与惠施之间，奉关尹、老聃为古之博大真人，述其精要，乃在于"人皆取实，己独取虚"，由此而虚己谦下、而道通有无、而任物自然。这也是庄子之学的基础和出发点，但庄子不止于此，借用王船山的话，庄子"高过于老氏"，这也是《天下》以庄子"殿诸家，而为物论之归墟"①的原因。马叙伦借船山思路概论诸家：

> 墨翟、宋钘，分明"外道"，彭蒙之流，复堕"断灭"。关、老深矣，犹有"用相"。庄生位极天、人，体用圆融，三一"平等"，既关、老且逊其独步，则申、韩又恶窥其樊篱哉？②

关老虽深，但偏于术，申韩之辈得以窃之而留害于后世；庄子则道、术兼备，体用圆融，两行无碍，寂寞变化，逍遥于有无之上，以至于申韩之辈无从下手。那么，庄子位极天人、独步"天下"的根据何在？在"自"，在"己"，在于主体性问题上的更进一层，在于个体性证成上的卓越成就。

二

郭象、成玄英对《天下》中庄子部分的注疏，开始几句极具参考价值。"寂漠无形，变化无常"，注曰"随物也"，疏为"妙本无形，故寂漠也；迹随物化，故无常也"。"死与？生与？天地并与？神明往与？"注曰"任化也"，疏为

---

① （清）王夫之：《老子衍　庄子通　庄子解》，王孝鱼点校，中华书局，2009，第359页。
② 马叙伦：《〈庄子·天下篇〉述义》，载张丰乾编《〈庄子·天下篇〉注疏四种》，华夏出版社，2009，第297页。

"以死生为昼夜,故将二仪并也;随造化而转变,故共神明往矣"。"芒乎何之?忽乎何适?"注曰"无意趣也",疏为"委自然而变化,随芒忽而敖游,既无情于去取,亦任命而之适"。[①] 郭注成疏,聚焦的是庄子思想的随物、任化、自然一面,要在无意图、无目的、无情无欲的随化而往,所遇皆适。其旨趣落在物化、无我、无己上。这也是庄子诸篇一再强调的一面,《大宗师》尤为经典。子犁之"无怛化",子桑之叹命,将物与我、化与己、人与命的张力凸显出来。

> 子舆与子桑友。而霖雨十日,子舆曰:"子桑殆病矣!"裹饭而往食之。至子桑之门,则若歌若哭,鼓琴曰:"父邪?母邪?天乎?人乎?"有不任其声而趋举其诗焉。子舆入,曰:"子之歌诗,何故若是?"曰:"吾思夫使我至此极者而弗得也。父母岂欲吾贫哉?天无私覆,地无私载,天地岂私贫我哉?求其为之者而不得也!然而至此极者,命也夫!"(《庄子·大宗师》)

子桑反思自己贫病交加的根由和责任,他不怨天不尤人不怪父母,而是归咎于命。"未形者有分,且然无间,谓之命"(《庄子·天地》),命者,先天已经确定的必然性,人只能听命。《大宗师》以命的寓言结篇,当以"正言若反"解之。子桑历数父、母、天、人与命,唯独缺少他自己这个最

[①] (晋)郭象注,(唐)成玄英疏《庄子注疏》,曹础基、黄兰发点校,中华书局,2011,第569页。

关键、最重要的角色,这个在"命"的衬托中被刻意隐匿的"自""己",才是庄子最想直面的话题。将《大宗师》关于"命"的结尾与其开篇的"知"对观,其义自见。知者,知天、知人,知知之界限,进而知己。

> 知天之所为、知人之所为者,至矣!知天之所为者,天而生也;知人之所为者,以其知之所知以养其知之所不知,终其天年而不中道夭者,是知之盛也。虽然,有患:夫知有所待而后当,其所待者特未定也,庸讵知吾所谓天之非人乎?所谓人之非天乎?(《庄子·大宗师》)

知的本质,是知天知人,是知天人之不相胜、不相违,并以天人自然和谐之知,得"己"天年,这是《大宗师》开篇之思,所表达的是命的真谛,其要在天人、物我两行不碍,体用圆融:一则不以心捐道,不以人助天,与物为宜,尊重他者与自然;二则不乐通于物,不通物失己。为通物而通,乃役人之役、适人之适,皆役于人、物于物而不能物物。庄子之道,要在"自适其适","自适其适"乃是"己"与"他/物"各适其适的形而上根据和存在论基础。王先谦"不求通物,而物情自通"[1]表达的正是这层意思。《骈拇》将这层意思袒露无遗。

> 吾所谓臧者,非仁义之谓也,臧于其德而已矣;吾

---

[1] (清)王先谦:《庄子集解》,沈啸寰点校,中华书局,2004,第56页。

> 所谓臧者，非所谓仁义之谓也，任其性命之情而已矣；吾所谓聪者，非谓其闻彼也，自闻而已矣；吾所谓明者，非谓其见彼也，自见而已矣。夫不自见而见彼、不自得而得彼者，是得人之得而不自得其得者也，适人之适而不自适其适者也。夫适人之适而不自适其适，虽盗跖与伯夷，是同为淫僻也。（《庄子·骈拇》）

臧于其德，即《胠箧》之玄同，即由外立之德而复返于己，返于己含其德。换言之，己乃道德之根据。己意味着从所指向能指、从粗向精、从外向内、从末向本、从人向天的回归。"天在内，人在外，德在乎天。知天人之行，本乎天，位乎得，蹢躅而屈伸，反要而语极"（《庄子·秋水》）。天者，天性、自然；人者，人为、人伪，不自然。德者自得，自得于天，自得于己，天与己一也。这是庄子道德本体论的精髓。

自得者，自适。自适者，自得其乐，乐莫大焉。"乐天知命，故不忧"（《周易·系辞上》）。子桑不知天人之行，故不知己；不知己，故不知命；不知命，故悲也忧也！

适者乐也，适者往也，所乐与所往息息相关。

> 俄而子来有病，喘喘然将死。其妻子环而泣之。子犁往问之，曰："叱！避！无怛化！"倚其户与之语曰："伟哉造化！又将奚以汝为？将奚以汝适？以汝为鼠肝乎？以汝为虫臂乎？"子来曰："父母于子，东西南北，唯命之从。阴阳于人，不翅于父母。彼近吾死而我不听，

我则悍矣,彼何罪焉!夫大块载我以形,劳我以生,佚我以老,息我以死。故善吾生者,乃所以善吾死也。今大冶铸金,金踊跃曰:'我且必为镆铘!'大冶必以为不祥之金。今一犯人之形而曰:'人耳!人耳!'夫造化者必以为不祥之人。今一以天地为大炉,以造化为大冶,恶乎往而不可哉!"成然寐,蘧然觉。(《庄子·大宗师》)

以无为首,以生为脊,以死为尻,以死生存亡为一体,这是子来、子犁的共同信念。生死不过是造化的不同表达而已,生死祸福,奚为、奚适,全凭大化,化人化犬,唯命是从,安有我意于其间哉?子来、子犁的意思,和子桑差不多,都是听天由命的宿命论。生命归于阴阳翕辟,生死不过自然物化。安时处顺,悬解于物,足矣。这正是前述郭注成疏随物任化所强调的意思。不过,庄子的思想不止于此。《天下》接下来的一句"万物毕罗,莫足以归",根本上改变了上述语境和路向。郭注为"故都任置",成疏为"包罗庶物,囊括宇内,未尝离道,何处归根!"显然,此处的郭注成疏没有跟上庄子思想的节奏,还留在物化之中。归者,归宿,寄托,安身立命之所,寄情享受之家。莫足以归,是对天地万物、自然大化的整体性否定,是对漂泊无定于大化流行之无家状态的反抗。在这种对物的整体性否定与反抗中澄显出来的,正是"无"这一划时代的哲学思想。"无"根本上乃是对物的存在论否定。这物,指天地万物,指古往今来时空中的一切存在,这一切都在否定中呈现自身,呈现于无中,无由此表达为万物之境遇,之境域,之家园,之形而上学根基。作为万物形而上学根基的无,即道。唯无能无限敞开,能洞开宇宙,能承载万物,使万物畅通无阻,自由生长。而能洞察无之为物、无之为无的,乃在于人这一特异之物。人何以特异?因其为物而不足于物,在于其深切意识到"天地与我并生、万物与我为一"这一真理,并自我否定和超越这一真理,视这一真理为"不足于归"。当人将天地万物作为自身而"悍"然将其自我否定之际,"无"这一更高的真理瞬间洞开宇宙的无穷锁链,光芒万丈!芒乎昧乎,未之尽者!"无"意味着人自然物化本质的自我否定和超拔,意味着对真正自适家园的渴望,意味着精神和自由。无,自由,精神,逍遥,本质上是一个东西,是"己"之真正本质,这是庄子哲学的真谛所在。对此,宣颖一语道破:"此逍遥神化之教也。"[1]

己与自然大化,精神与物,经由"万物毕罗,莫足以归"而根本上区别开来,但这种区别不是对立,而是分离。分离意味着差异,差异者不能在一个地平线上一起存在,因而它们永远不可能成为一体。万物可以与我为一,但天地万物永远不可能与我的精神、我的自由为一。任何普遍性,任何总体性,任何绝对性,任何权力,都不可能将我的自由精

---

[1] (清)宣颖:《南华经解》,曹础基校点,广东人民出版社,2008,第202页。

神统合、通合、囊括、包罗、征服、消解；自由精神是一切普遍性、总体性、绝对性和权力的绝对他异者，外在者，穿越者。任何对立都是对象化的，工具化的，而分离乃是对一切对象化、工具化的拒绝和超越。在分离中，作为绝对他异性的自由精神在其绝对他异性得以确立、保证和尊重的同时，尊重一切他者。自由精神不拒绝物，不拒绝一切物，而是同等地尊重他者和万物。而且，这种尊重只有自由精神才可能。

> 独与天地精神往来而不敖倪于万物，不谴是非，以与世俗处。……彼其充实不可以已。上与造物者游，而下与外死生、无终始者为友。其于本也，弘大而辟，深闳而肆；其于宗也，可谓稠适而上遂矣。虽然，其应于化而解于物也，其理不竭，其来不蜕，芒乎昧乎，未之尽者。(《庄子·天下》)

自由精神所以能尊重万物，因为它不对立于物；所以能不谴是非，因为它站在更高的立场，不是以我观物，而是以道观物、以无观物、以物观物；所以能与世俗处，因为它既能应化于物又能悬解于物，自游于万物之上、有无之间。精神何以能够如此自游？因其"充实，不可以已！"充实不已的精神生命，乃是因"无"而来的绝对意义上的生命力量，一种生天生地的力量，一如尼采超人的强力，超乎自然的自然强力。"不食五谷，吸风饮露；乘云气，御飞龙，而游乎四海之外；其神凝，使物不疵疠而年谷熟"(《庄子·逍遥游》)。不食五谷，但呵护万物，并成就天下的粮食。这是只有自由充盈的生命才具有的可能性，借用列维纳斯的说法，这是在享用物，而不是在使用物；这是在享用某物，而不是在食用某物；不是在食用碳氢化合物，而是在食用天地间的食物。这意味着两种根本不同的使用方式，由此标示出的，是两种根本不同的生命方式，而这种生命方式差异的根据，在于对待物的方式，在于与物的关系。

> **享用某物**，并不等于从某处汲取生命能量。生活并不在于寻找和消耗由呼吸以及食物提供的碳氢化合物，而是在于食用天地间的食物。……我们享用的事物并不奴役我们，我们享受它。①

列维纳斯的享用、享受概念，是我们可以借以澄明庄子物论，特别是其自由逍遥思想的极佳参照，也是进而借以澄明庄子形而上学思想和信仰可能性的重要契机。享受澄显的是一种无利害的鉴赏状态，是人与物之间某种纯粹关系的可能性，物物而非物于物的可能性。

> 我们享用"美食"、空气、阳光、美景、劳动、观念、睡眠，等等。这些并不是表象的对象。我们享用它们。我们享用的，既不是"生活的手段"，就像笔是我们写信的手段；也不是生活的目标，就像交流是书信的目标。我们享用的事物，并不是工具，甚至不是用

---

① 伊曼纽尔·列维纳斯：《总体与无限：论外在性》，朱刚译，北京大学出版社，2016，第94页。

具——在海德格尔赋予该词的意义上。它们的实存并不能由实用的模式论所穷尽,这一模式论把它们(的实存)勾勒为锤子的实存、针的实存或者器具的实存。在某种意义上,它们总是——甚至锤、针、器具也是——享受(jouissance)的对象,它们将自身呈交给"品味"(goût),它们已经被装饰、美化。①

享用并不否定、排斥物的实用性、工具性,而是不满足于其实用性,在这种物之实用性的"莫足以归"中,享用得以开始,这是生命的自我敞开,也是生命对物的照亮,是人与物之间新的可能性的开启。这是一种"品味""鉴赏"的审美境界,不过不是一般意义上的美学,而是存在论意义上的美学,它所澄显的,是人与物之间新的存在论可能性。享受、享用作为一种全新的开启,本质上是一种无中生有,是基于"无"的纯粹开端性,是从物的世界中"凭空"开启出的完全属于"自""己"的意义生活,由之而来的独立自由、幸福愉悦以及认知方式的根本性改变,赋予"自""己"以新的生命方式。

三

享受,意味着人待物态度和方式上的根本变化,而在这

---

① 伊曼纽尔·列维纳斯:《总体与无限:论外在性》,朱刚译,北京大学出版社,2016,第88~89页。

种变化中起支配作用的，是人的认知和表象方式的变化。人的认知方式，意味着人的存在方式、生活方式，人如何认知表象，人就如何存在和生活。这种认知哲学，在西方思想中由来已久，源远流长，蔚为大观，可谓西方思想的主流，而在汉语思想传统中却并不显著，到明清之际才开始比较独立的认知哲学探索。[1] 不过庄子是个例外，在古代汉语传统思想中，庄子独树一帜，对知的问题格外重视，其思甚深。

> 仲尼曰："自其异者视之，肝胆楚越也；自其同者视之，万物皆一也。夫若然者，且不知耳目之所宜，而游心乎德之和。物视其所一而不见其所丧，视丧其足犹遗土也。"常季曰："彼为己，以其知得其心，以其心得其常心，物何为最之哉？"仲尼曰："人莫鉴于流水而鉴于止水，唯止能止众止。"（《庄子·德充符》）

这里的由知而心、由心而常心，展示出王骀为己的心路历程，亦即由耳目之所宜到游心乎德之和的入道历程。"知者外发，心者内存；以其知得其心，循外以葆中也。心者，无妄之本体；常心者，不息之真机；以其心得其常心，即体以证道也。"[2] 由外而内，由内而真，郭嵩焘此解有其妥帖

---

[1] 赵广明编《程智集》，社会科学文献出版社，2019，前言。赵广明：《"知"本论：马衍哲学初探》，载赵广明、梁恒豪编《马衍集》，社会科学文献出版社，2021。
[2] 张默生：《庄子新释》，张翰勋校补，齐鲁书社，1993，第173页。

处，但要尽显其认知哲学蕴含，尚需《人间世》心斋之论。

> 颜回曰："吾无以进矣，敢问其方。"仲尼曰："斋，吾将语若。有心而为之，其易邪？易之者，皞天不宜。"颜回曰："回之家贫，唯不饮酒不茹荤者数月矣，如此则可以为斋乎？"曰："是祭祀之斋，非心斋也。"回曰："敢问心斋？"仲尼曰："若一志，无听之以耳而听之以心，无听之以心而听之以气。听止于耳，心止于符。气也者，虚而待物者也。唯道集虚。虚者，心斋也。"（《庄子·人间世》）

仲尼以"斋"为方，意在去颜回之"师心""有心"，归之于"无心"，为此，需超越扬弃祭祀之斋。祭祀乃儒家礼仪教化之本，是世俗宗教信仰之所纽，去之即断儒家之根本，即去儒。这是庄子先验还原的重要一环。而庄子真正要还原掉的，是世俗的认知方式，这种认知方式的不纯粹、不自然使得由此而来的道德教化与宗教信仰皆有违于自然天性，这是庄子道德批判和哲学批判的核心所在。王骀的由感知到心知，即是世俗经验一般之认知方式，其要在"止""符"，用今天的话，就是认知主体与认知对象的相即、符合，列维纳斯用"表象"一词指示的就是这种认知方式。表象是一种对象化、客观化、工具化的自发性认知能力，是自古希腊哲学以来"思"这个概念所展示的纯粹自由的能力，但这种作为表象的"思"的自由，表达为一种同一性霸权，表象、思、同一根本上是一回事。表象、思乃是一种规定、构造对象的能力，表象与被表象者、思者与被思者之间乃是一种完全的相即性，是一种止符关系，在这种同一相即中，对象、物仅仅表达为一种由表象和思而来的可理解性。作为可理解性而存在，而被统摄于、消解于表象之思、之心中，乃是表象之思或耳目心知的共同本质。物、对象是被作为我的私有财产而拥有和占有的；与此同时，作为表象主体、主宰的"我"，并没有在这种对对象和物的征服中如其所愿地成为主人，而是同样成为表象之思的奴隶，自失于其"思"。在"我思故我在"中真正"在"的，不是"我"，而是"思"。"思"是我与物与宇宙真正且唯一的主人。我与天地万物皆因我之思而自丧、自失于"我"之"思"中。"吾丧我"的真正罪魁祸首只有一个，那就是"思"，"我"之"思"。这就是在巴门尼德和笛卡尔的"思"中，在庄子的耳目心知之止符中，所上演的人类命运的共同悲剧。认知的乱象，人间的是非恩怨与价值淆乱，人与物关系的异化，真正他者的虚无化，皆由此而来，东方西方无别。

> 在表象中，**同一**界定**他者**，而并没有为**他者**所规定，这一事实为康德关于先验统觉之统一性的构想作了辩护，这种先验统觉在其综合作用中始终是空洞的形式。……保持同一，就是进行表象。"我思"是理性思想的脉动。那在与**他者**之关联中不变且不可变的**同一**之同一性，正是表象之自我。凭借表象进行思考的主体是一个倾听其自己思想的主体：思想在一种类似于声音而非光的元素

中思考自己。①

是理性思想在思，不是我，不是主体，在思。思无他，思思思，思仅仅在思思自身，而不会去思思之外的任何东西。思的世界只有思，其他一切皆化于思。主体呢？

> 就像在柏拉图的回忆中：在那里，主体攀登到了永恒之上。特殊的自我与同一混合为一，与那在思想中对它说话并且是普遍思想的"精灵"（démon）一致。表象的自我是从特殊到普遍的自然通道。普遍的思想是一种第一人称的思想。这就是为什么，那为了观念论而从主体出发重建普遍的构造并不是这样一个自我的自由：此自我在这种构造之后幸存，保持着自由，并且像是位于它将要构造出来的法则之上。进行构造的自我消解在它所统握的作品之中，并进入永恒。观念论的创造，就是表象。②

柏拉图以来的表象的认知主义传统，开创出主体的理性主义世界，作为主体的个体却被普遍理性"物化"殆尽。这种物化的本质，是"享受"的自失。

> 与理性——作为主题化和客观化之权能——同一的

---

① 伊曼纽尔·列维纳斯：《总体与无限：论外在性》，朱刚译，北京大学出版社，2016，第106页。
② 伊曼纽尔·列维纳斯：《总体与无限：论外在性》，朱刚译，北京大学出版社，2016，第106~107页。

自我，丧失了它的自我性本身。为自己进行表象，就是倾空自己的主观实体，就是对享受麻木不仁。……理性使得人类社会得以可能，但是一个其成员只能是诸理性的社会作为社会会消失。一个彻头彻尾理性的存在者能跟另一个彻头彻尾的理性存在者谈什么呢？理性并没有复数，如何区分许多的理性？如果组成康德式目的国的诸理性存在者并没有把他们对幸福的要求——感性自然瓦解后的奇迹般的幸存者——作为个体化原则保留下来，这一目的国如何可能？在康德那里，自我在对幸福的需要中重新出现。

是自我，就是如此实存，以至于他已经处于存在之彼岸而处于幸福之中。对于自我来说，是（**存在**）既不意味着自己与某物对立也不意味着为自己表象某物，既不意味着利用某物也不意味着渴望某物，而是意味着享受某物。①

在列维纳斯看来，从柏拉图的精灵，经由斯宾诺莎的必然性，到康德的先验统觉，乃至海德格尔的存在，构成了淹灭个体化主体和自我自由的西方表象—认知—理性主义洪流。有趣的是，康德的幸福概念又成了逆转这一洪流，拯救个体及其自由的契机与希望所在。正是幸福使享受和分离得以可能。换言之，无论是西方哲学传统还是汉语哲学传统，都面临一个最为根本的问题，那就是如何从各自认定的某种普遍

---

① 伊曼纽尔·列维纳斯：《总体与无限：论外在性》，朱刚译，北京大学出版社，2016，第99~100页。

性法则秩序中拯救和证成个体的存在与价值。这是康德、列维纳斯以及孔子、庄子都必须面对的根本问题，尽管各自所面对的普遍性秩序力量不尽相同。

幸福和享受（享用）是列维纳斯用以根治西方理性普遍主义沉疴顽疾的良药，旨在以此根本扭转、颠覆人与物的关系，从对物的表象、占有、利用、工具化、主题化、客观化的实用功利模式中解脱出来，使个体从普遍性物化、异化中解脱出来，使个体自己能够以自己的身体而非表象概念的方式将自己自由、独立、孤独、分离、幸福、自适地安置在世界之中。如此意义上的享受或享用，

> 勾勒出独立本身，勾勒出享受及其幸福的独立，这种独立是任何（其他）独立的原型；而对工具的使用却以合目的性为前提，并且标志着一种对于他者的依赖。
>
> 相反，幸福的独立总是依赖于内容：幸福是呼吸、凝视、进食、劳作、使用锤子与器具等等（活动）所具有的快乐与痛苦。然而幸福对于内容的依赖，并不是结果对于原因的依赖。[①]

享受的可能性维系于快乐与痛苦的情感，而这种享受之情感取决于幸福与独立；幸福与独立的根基在于对传统物论所植根的因果关系的消解，在于对因果依赖性的超越。自然

[①] 伊曼纽尔·列维纳斯：《总体与无限：论外在性》，朱刚译，北京大学出版社，2016，第89页。

因果性在哲学和文明中的核心地位毋庸置疑，它是表象—认知—理性主义的内在逻辑和命脉，没有对这种物之因果逻辑的笃实而严苛的探求，就不会有真正意义上的认识论传统、认知科学以及求真意志。中西文明的一个根本性差异由此而来。但过于沉溺于这种因果性，终将意味着人与物关系的物化和异化。佛教的缘起性空源于对这种因果性存在方式的反思，熊十力的本体大化流行、翕辟成变、即体即用思想[1]，同样是一种反思和化解尝试，而庄子、康德与列维纳斯的相关思想尤为可观。

"在与作为生活之**他者**的食物的关系中，享受是一种自成一格的独立，是幸福之独立。生活**享用**某物，这样的生活是幸福。生活是感受性与感情。过生活，就是享受生活。"[2] 享受来自独立，独立来自情感的幸福。在康德那里，幸福意味着偏好、欲望的满足，是感性的满足；列维纳斯的幸福也意味着满足，但这种满足看似是身体的、欲望的、感性需要的满足，但其根本上又不同于感性需要的满足。在列维纳斯这里，需要基于匮乏，是一种实用性模式中的需要和匮乏；享受则不来自感性欲望的匮乏与满足，而是生命本身丰盈充足的表达。这种丰盈充足是一种自足，这种自足根本上指示着自我的自为性和内在性，指示着自我从与他者/他物关

---

[1] 熊十力：《新唯识论》（壬辰删定本），中国人民大学出版社，2006，第143~160页。
[2] 伊曼纽尔·列维纳斯：《总体与无限：论外在性》，朱刚译，北京大学出版社，2016，第95页。

系之外在依赖性中的自我收缩。"享受是一种自身中的回撤,是一种内转",这种回撤与内转不是自我反思和自我表象意义上的,不是理论认知意义上的,也不是实践意义上的,而是自我情感的收缩,它置身于理论与实践之后、之上,是更为深蕴的本源。这种情感的自我收缩,不是经验心理学意义上的,而是形而上学的,纯粹的;它是自我的战栗本身,不是内敛、自闭,而是自身于其中升起的颤动着的提升。在这种回撤内转的自足中,享受在纯粹的愉悦之情中感受到自身作为存在者的具体而真实的自己本身,而非作为抽象普遍的存在(Sein)之处身性(disposition)的此在(Dasein)。换言之,在享受的纯粹内在性的自足和幸福中,绽现的是作为孤独、卓越的唯一者的纯粹而充实的自我自身。

我们隐约看到一种可能性,使自我之唯一性可理解的可能性。**自我**的唯一性传达着分离。卓越的分离乃是孤独,享受——幸福或不幸——是隔离本身。

自我并不是像埃菲尔铁塔或《蒙娜丽莎》那样是唯一的。自我的唯一性并不在于它仅仅作为一个唯一的例子而现身,而是在于它之实存是没有属的,在于它的实存不是作为一个概念的个体化。自我的自我性在于它处于个体与普遍的区别之外。[①]

---

① 伊曼纽尔·列维纳斯:《总体与无限:论外在性》,朱刚译,北京大学出版社,2016,第97页。

真正的自由独立者，超越一般所谓个体与普遍的关系之外，在享受的生命愉悦中凌空出世，彻底粉碎万物的因果枷锁，无中生有。享受，每一次享受，"每一次幸福都是第一次发生。主体性在独立中、在享受的主权中，有其本原"[①]。天地与我并生，万物与我一体，而享受意味着我与天地万物之一体、总体的分离，这种分离意味着我作为独一无二个体存在的可能性：

> 物而不物，故能物物。明乎物物者之非物也，岂独治天下百姓而已哉！出入六合，游乎九州，独往独来，是谓独有。独有之人，是谓至贵。（《庄子·在宥》）

纯粹自由自足的自我从分离的享受中自我创造出来。这种无中生有的创造，创世意义上的创造，标识的是个体作为绝对自我开端的自由，这是康德先验自由概念的本义。但当康德把先验自由与实践自由与理性内在关联的时候，他恰恰成了列维纳斯的分离概念所要予以决裂的主要代表人物。但与此同时，列维纳斯又从康德那里看到了享受得以可能的希望，这希望就是康德实践理性中作为至善之核心要素的幸福概念。"在康德那里，自我在对幸福的需要中重新出现"。然而，至善中的幸福概念，只是打开了康德普遍划一理性主义无限总体的一个缺口，却并不足以直接支持和证成列维纳斯

[①] 伊曼纽尔·列维纳斯：《总体与无限：论外在性》，朱刚译，北京大学出版社，2016，第93页。

作为分离和享受的绝对性自我。列维纳斯以康德为主要对手和主要资源,都是明智之举,但他从康德思想系统那里寻求支持,却找错了部位。真正对列维纳斯乃至20世纪法国哲学具有内在支撑的核心资源,应该是康德的《判断力批判》。调整、扭转表象的方式,诉诸情感,置情感于存在论高度,并由情感而回归和证成自我,这一决定列维纳斯思想命脉的资源,是康德在《判断力批判》中开启和确立的。康德的相关思考,出现在《判断力批判》正文开篇第一节。如前文所论,康德由此开启的是反思性判断力与规定性判断力的区别,反思性判断力重塑了西方哲学的地平线,在这个新的地平线上,康德的"反思性判断力与物",掀开了物论的全新篇章。

在此,康德将表象的知性运用与表象的想象力运用明确区分开来,前者是知识判断,关乎客体对象,归属于逻辑概念,后者是鉴赏判断,关乎主体,指向主体及其愉快或者不快的情感。

> 表象的一切关系,甚至感觉的一切关系,都能够是客观的(而这时这些关系就意味着一个经验性表象的实在的东西);惟有与愉快和不愉快的情感的关系不是这样,通过它根本没有标明客体中的任何东西,而是在它里面主体如同被表象刺激那样感觉到自己本身。
>
> 凭借自己的认识能力(无论是在清晰的表象方式中还是在含混的表象方式中)去把握一座合乎规则的、合乎目的的建筑,这与凭借愉悦的感觉去意识到这个表象

是完全不同的。在后者,表象在愉快或者不快的情感的名义下完全是与主体相关,确切地说与主体的生活情感相关……①

列维纳斯对表象的新的思考,特别是对享受的意向性与表象的意向性的区分,与此深度呼应。康德所开启、列维纳斯所发扬光大的表象革命,澄显的正是主体的情感性收缩、回撤、内转,以及由此而来的自足、自主、自适,是自我的自我充实与提升,借以绽现的,是一个纯粹自由个己的自我证成。这种自由情感的自我证成,是个体自由及其唯一性最为深邃的根据。这是康德整个批判哲学的结穴处,也是康德道德—宗教的真正根基所在。列维纳斯以此为基础和前提,确立他的个体自由与绝然分离思想,并由此开始他的宗教—伦理思考,建构出一种意味深长的宗教伦理学。

康德和列维纳斯的深刻思考和创造性理路,为我们澄明庄子在心斋、天籁、独有、逍遥、自适中的深思,特别是庄子对个己及其自由的存在论证成,提供了极大的帮助。

庄子的心斋之思,深彻无比,汉语传统的经史子集套路难以通达,唯哲学可以澄明。

> 回曰:"敢问心斋?"仲尼曰:"若一志,无听之以

---

① 康德:《判断力批判》,李秋零译,载李秋零主编《康德著作全集》第5卷,中国人民大学出版社,2007,第210~211页。

耳而听之以心，无听之以心而听之以气。听止于耳，心止于符。气也者，虚而待物者也。唯道集虚。虚者，心斋也。"(《庄子·人间世》)

在《德充符》中王骀的由感知到心知再到常心的认知与入道之路，经由心斋之思而透彻。"若一志"，则感知（耳目感官）心知（知性）表象之路被悬置、扬弃。郭注"去异端而任独（者）也（乎）"，成疏"一汝心，无复异端，凝寂虚忘，冥符独化"。[1] 一者，摒弃杂念，去止冥符，虚己于气。气是对我与物表象关系的彻底悬解与现象学还原，还原到物与我各自的终极本原。气，乃我与万物的终极自然根基与归宿，万物莫足以归，但万物与我皆终归于气，此气即"不息之真机"，是万物生生不息和庄子所谓物化的本原与主宰。此气充实不可以已，但其性乃虚，唯虚为大，唯虚能一，唯虚能"道"。"虚"字至关重要，它是自然之气向先验之气的转捩点，是自然之气与先验之气的会通处；转捩、会通于心，心斋之心，无心之心，坐忘之心，"虚"心。心斋之虚，澄明的是主体的纯粹存在论语境。

"气也者，虚而待物者也"，实为"气也者，虚（己）而待物（虚）者也"。己所以能待物任化，是因为己与物皆虚而反于气，皆虚而复归于气这一共通的先天、先验之本原；就此而言，庄子所倡言的虚柔任物随化，不是随物，若止于

---

[1] （晋）郭象注，（唐）成玄英疏《庄子注疏》，曹础基、黄兰发点校，中华书局，2011，第80页。

随物，则是止于止符，止于表象和是非，而不能进于"大化"；不能穿越扬弃万物而入于化，也就不能超越是非因果之链条，也就不能超越儒墨之是非而入于庄子之道德。

庄子的道德，不是以知知之，而是以无知知之。无知之知，"徇耳目内通而外于心知"，外于心知，即入于虚。"虚者，心斋也"，斋心之虚，"瞻彼阕者，虚室生白，吉祥止止"，"鬼神将来舍，而况人乎！是万物之化也"。庄子用一个"是"字，给出了《德充符》中的"物何为最（聚）之哉？"和"唯止能止众止"的理由，确立了"万物"之"化"的根据和寓居之"家"。万物"虚""化"于心斋，即听之以气的"我"之"虚"。"我之虚"与"物之虚""同虚"于"气"，"通天下一气耳"（《庄子·知北游》）。气与虚是一个意思。"御六气之辩"，"乘云气"，而游乎无穷；唯气无待，而能逍遥，而能游。气乃我与万物之同，但这"同"不是一般的共同性、普遍性，而是"玄同"，即返于己的"同"。玄同，意味着同反于各自之己，在虚和气中"反己而不穷"（《庄子·徐无鬼》），在此无穷无尽的反己之虚之气中，每一个"己"得以自我确立和证成，自我证成于"虚"。自我证成于耳目心知之物、之对象、之有条件者，不难；自我证成于虚、于无物、于无条件者，鲜矣哉！能立于虚者，不是虚弱无能，而是充实不已，是生命自我丰足、强大的标志，是真正自由的象征。

气不止于气，而是止于"己"，这是由表象之"以知知"向享受之"以不知知"的内转，是情感的自我收摄和提升，是自我的情感自足、自主和自适。康德返于自己生命本身的纯粹愉悦的情感，以及列维纳斯享受之自足愉悦，与庄子的不适人之适而自适其适的自适，表达的是同样的自由情感，这不是认知的感觉欲望，而是使人得以"独有"和自由的存在论情感。

人是在对自己本身存在的情感自适中证成其独一无二的唯一性和个体性的，这是一种不拒斥理性证成，但比理性证成更为根本的证成，在这种情感的自足与证成中，郭象演绎的独化概念得到强力支撑。"道之所一者，德不能同也"（《庄子·徐无鬼》）。万物德性各异，皆系自生自成，没有任何概念、语言、理性、认知、价值的普遍性/同一性/总体性/大全/万物总和等等可以统摄之、给出其存在因果，它/她/他是自我开端、无中生有、自因自果的独一无二者，是名副其实的独化者。独化者绝然分离于他者，万物皆"独"而成"化"。能"一"之者，唯道，因为"道"乃"虚"，"虚"乃"无"。能"一"独化者，"无"也。"无"者无物。"无"之"唯一"、"为一"，即"自然"，即"天籁"。天籁不能归属于任何普遍性/共同性，天籁即独化，即每一个独化，即每一个个体的自然本身的自在、自适。唯此自在于天籁，自适于天籁，才是庄子之道的本义。"唯道集虚"，展示的不是某种普遍绝对秩序的外在权柄，而是因为虚己自适而来的信仰的终极可能性。"天在内，人在外，德在乎天。知天人之行，本乎天，位乎得，蹢躅而屈伸，反要而语极"（《庄子·秋水》）。道不在外，而在内，在虚己而气而道。天人之间，唯虚己一途！虚己而自得于天于性，虚己而自适于道。

康德的自由情感，列维纳斯的享受与分离，庄子的独化与自适，在把个体的自由哲学推向高峰的同时，也敞开了某种自由宗教的可能性。列维纳斯把我与他者之间、或我与无限他异性之间那种无法为任何普遍性/总体性/同一性所包罗含摄的分离关系之间的连接的可能性，称为宗教。庄子的唯道集虚和天籁所启示的，应该就是这种意义上的宗教。

对于列维纳斯，享受意味着爱，意味着爱的宗教。"生活是对生活之爱，是与这样一些内容的关联，这些内容并不是我的存在，而是比我的存在更珍贵：（它们是）思考、吃饭、睡觉、阅读、劳动、晒太阳等等。这些内容有别于我的实体，但又构成之；它们形成我生活的珍贵处。一旦生活被还原为单纯赤裸的实存，如尤利西斯在地府里看到的那些幽灵的实存——生活就消解为幽灵。"[①]

列维纳斯的享受澄明的是一种生活的形而上学，即基于并超越我的实存而对我的实存本身意义的开显，是"有"基于"无"、因为"无"而来的开显，这种意义乃是我的生命的终极支撑和永恒天命。庄子对此怎么看？让我们继续"比附"。这种哲学的"比附"，不是凡夫俗子所谓的外在比附，而是可以澄明人类共同精神和理路的形而上学会通：

> 死生、存亡、穷达、贫富、贤与不肖、毁誉、饥渴、

[①] 伊曼纽尔·列维纳斯：《总体与无限：论外在性》，朱刚译，北京大学出版社，2016，第91页。

寒暑，是事之变、命之行也。日夜相代乎前，而知不能规乎其始者也。故不足以滑和，不可入于灵府。使之和豫，通而不失于兑，使日夜无郤，而与物为春，是接而生时于心者也。是之谓才全。(《庄子·德充符》)

对于庄子，构成生命实存的生死祸福善恶日用，是生命之形。生命之爱不止于形，而是"爱使其形者也"。形与使其形者有别而无界，物物者与物分离而无际。使其形者，即虚己而入之气，或气虚而显之己，此气此己生生不息，自豫而悦物，与物为春，生时（物）于心。为春，生时，自然之谓也。庄子之爱，爱而不亲、不私、不偏，"从水（我，物）之道不为私也"，自然而然，道在其中。这是庄子的宗教，爱的自然宗教。

本文以《庄子"物"论》为题原刊于《山东大学学报》（哲学社会科学版）2022 年第 3 期

论

庄子哲学沉思

开端

开端问题，是哲学与宗教的核心关切。哲学与宗教的本质始于、取决于其对开端的界定，东西方皆然。哲学与宗教的开端概念，始于如何理解"存在（有）"这一概念，而要理解"存在"概念，必然涉及对非存在或无的理解。有、无概念及其关系，乃是开端概念的灵魂所在；由此出发，自我概念、自我与物（他者）的关系以及有限与无限的关系等重要问题，得以呈现，并最终将宗教哲学的根基导向思本身。如何最终奠基于思，并在思中开启思的自我超越与绝对无限渴望，是形而上学和宗教的根本所在。

一方面，从来没有一种哲学或宗教不是以某种存在作为自己的开端，也就是说，从来没有一种哲学或宗教是以无作为自己的开端；另一方面，对开端的宗教哲学理解，总是取决于有无之辨。在这个问题上，道家特别是庄子的卓异之思，与黑格尔《逻辑学》中的深刻思辨，可以对观。

一

老子哲学以道为开端。"道可道,非常道。名可名,非常名。无名天地之始。有名万物之母。故常无欲,以观其妙。常有欲以观其徼。此两者同出而异名,同谓之玄。玄之又玄,众妙之门。"这是《道德经》开篇通常的写法。徐梵澄先生斟酌文献,别贡一说,其《老子臆解》"道一"首句为:

> 道,可道也?非恒道也?名,可名也?非恒名也?①

进而考证为:

> 道,何道耶?
> 非常道耶?
> 名,何名耶?非常名耶?②

对此的臆解是:

> 是谓非于恒常之道外别立一道;非于恒常之名外别立一名。③

此解甚是,道无外无别,恒常一也,言、名无改于道,天地万物尽在道中。接着是关于开端的臆解:

---

① 徐梵澄:《老子臆解》,崇文书局,2018,第2页。
② 徐梵澄:《老子臆解》,崇文书局,2018,第4页。
③ 徐梵澄:《老子臆解》,崇文书局,2018,第5页。

> 说万物之始,有道存焉,所谓"先天地生"者。然此非创化论而是道论。说有其物,无以名之。及名之为道矣,可曰"万物之母"。①

老子以有无论道,以有无论开端,此论乃道论,而非创化论、宇宙论、自然论。何谓道论?梵澄以为,"老氏之道,用世道也。将以说侯王,化天下"②。道论主要被界定为政治哲学或天下之道。梵澄此论的当。不过,蕴含在用世之道根基处的形而上学,应该是道论更为根本处。作为道论根基的形而上学,将决定天下之道、道德与政治哲学的开端与本质。

老子开篇所论,正是形而上学,这种形而上学澄显于"无名天地之始","有名万物之母"所蕴含的开端思想中。天地之始,万物之母,本是一回事,说的都是初始或绝对的开端,却分出了有、无。这种区分由何而来?老子给出的理由看起来很独断:"天下万物生于有,有生于无"(《道德经》§40)。王弼注为:"天下之物,皆以有为生。有之所始,以无为本。将欲全有,必反于无也。"③ 万物皆有,而万物之有,都有自己生灭成毁的变化过程,无的概念应该首先来自这种日常经验,哲学家则以形名论之,"凡有皆始于无,故未形无名之时,则为万物之始。及其有形有名之时,则长之、育之、亭之、毒之,为其母也。言道以无形无名始成万物,

---

① 徐梵澄:《老子臆解》,崇文书局,2018,第5~6页。
② 徐梵澄:《老子臆解》,崇文书局,2018,第6页。
③ (魏)王弼:《老子道德经注》,楼宇烈校释,中华书局,2011,第113页。

万物以始以成而不知其所以然，玄之又玄也"①。无者非虚无也，本质上也是有，只是未形无名而已。严格来讲，这也是一种经验之谈，关于有无，有待深思。

《说文》："始，女之初也。""母，牧也，从女，象裹子形，一曰象乳子也。"作为天地之始的无，一如少女之初，纯朴天真如婴儿，纯粹无暇如赤子，乃先天地而生之"尤物"混成，是个有，是个物，却又是无物之物，是没有任何规定性的有，是绝对纯粹的存在，这种存在纯粹如处子，丝毫不染。她具有成为生养万物之母的可能性，但那只是个可能性，是众多可能性中的一种可能性，尽管是具有某种必然性的可能性。重要的是要认识到，在她那里，有一种更本真的东西，作为一切可能性之根基的东西，这就是她的"无"。这无，蕴含在处子的纯洁、少女的无暇、赤子的童真自然中。在此，作为初始的无，与作为无的初始，是一个意思，指的是无为（伪）、无染的直接性和纯粹性，最能体现其精神的，是尼采所推崇的孩子的游戏状态：

> 孩子无辜、健忘，是一个新的开始、一种游戏、一个自转的轮子、一种初始运动、一种神圣的肯定。②

这是尼采在其《扎拉图斯特拉如是说》开篇扎拉图斯特

---

① （魏）王弼：《老子道德经注》，楼宇烈校释，中华书局，2011，第2页。
② 尼采：《扎拉图斯特拉如是说》，黄明嘉、娄林译，华东师范大学出版社，2009，第57页。

拉的第一篇演说"论三种变形"中的经典表达。这篇演说讲的是精神的三种变形：精神怎样变为骆驼、骆驼怎样变为狮子、狮子怎样变为孩子。这是尼采这部不朽经典的精髓所在。尼采关于孩子的每一个用词都意味深长，都针对并颠覆着西方宗教、哲学传统的核心利害。无辜，针对的是以原罪观念为基础的基督教传统；健忘，针对的是以回忆理论奠基其哲学的柏拉图传统。而正是这两者合力制造了西方的精神和价值传统。孩子无辜、健忘，意味着精神和价值的一个新的开始，一种新的可能，一种绝对的自转的初始运动，而这正是"开端"概念的要义所在。也就是说，尼采和老子一样，在其经典作品的开端处，思考的乃是一种具有绝对意义的开端问题。这种形而上学意义上的绝对、最初开端，都与孩子有关，或者说，都须借助孩子这一概念、这一意象所澄显。孩子作为生命和精神的开端，意味着一种纯粹和神圣的自我肯定和绝对自发性。生命和精神的价值，来自这种作为开端的无；肯定这一神圣的开端，坚守这一纯粹的无，乃是天命之性，是道之可道，是可道之道，是天地万物世间万象的形而上学根基。王弼"天下之物，皆以有为生。有之所始，以无为本。将欲全有，必反于无也"的深刻之处，正在于此。以无为本，就是坚守并永恒回复于"无"这一最初的开端，以之为全部存在和存在之全部的大根大本。"致虚极，守静笃，万物并作，吾以观复。夫物芸芸，各复归其根。归根曰静，是谓复命。复命曰常，知常曰明"（《道德经》§16）。归根复命，乃是常道与天命，是自然之性、性之自然，关乎自然与文明的命脉。

一种形而上学的契机在此闪现,这一契机闪现于"始"与"母"之间,两者的连接与分离,和谐与争执,对于天地万物世间万象是头等大事,关乎宇宙的命运,也是道家思想的核心关切。始与母的关系,正是"道可道"、"名可名"所要强调的关系。"此两者,同出而异名,同谓之玄。玄之又玄,众妙之门",王弼注为:

> 两者,始与母也。同出者,同出于玄也。异名,所施不可同也。在首则谓之始,在终则谓之母。玄者,冥默无有也,始、母之所出也。[①]

在始与母之间,有个历程,这个历程应该是可道与道的自然或必然性联系,这种自然或必然的历程,意味着首、始与终、母之间的和谐与一致性关系,这正是梵澄臆解的高明之处,唯其如此,两者才称得上"同出而异名,同谓之玄",并根本上立于玄无,"玄者,冥也,默然无有也,始母之所出也"。也就是说,根植于无的有无关系、始母关系,是道家之常道,合于此者,才称得上万物之母。母应该始终不背离处子的赤子精神和纯洁情怀,才称得上母,才算得上合乎天道,才有资格开启、生养万物并长之、育之、亭之、毒之。由此而来的世界,才称得上纯洁,才自然,才有道德。否则,

---

[①] (魏)王弼:《老子道德经注》,楼宇烈校释,中华书局,2011,第2页。

就是母对始的背离，有对无的强暴，就是万物万象失之于道，是"非常道"，这是人类文明最大的悲剧，根治这种文明悲剧，是道家思想特别是庄子思想的主旨。那么，母对始的背离是如何发生的？道生一，易，因为这个一，指的就是无之为始；一生二，不易，因为这个二指的正是有之为母。《易》之易，有易与不易二义，其内蕴也可以从此处阐发。从一到二，需要经历千山万水，需要三生三世，需要千百劫难，才能修成正果。一、二之间的自然本真之道，如何可能，是道家形而上学的首要问题，是开端概念的基本内涵。

二

有无之辨是庄子哲学的核心关切，较之老子，庄子之思更为丰富和生动，我们需要透过大量寓言和隐喻，去澄显他关于无关于开端的深刻思辨和独特理路。

宣颖《南华经解·在宥》篇解"无己，恶乎得有有。睹有者，昔之君子；睹无者，天地之友"时，有一句很精彩的话，叫"无字是庄子金针"[1]。此言甚是！无字是庄子之思的底色、根基与命脉，而庄子之无的特色，在于其首要且根本上是从"无己"这一概念展开的。无己概念，把无的形而上学引向更为根本处，使绝对开端问题与主体性问题内在贯通，

---

[1] （清）宣颖：《南华经解》，曹础基校点，广东人民出版社，2008，第85页。

从而为汉语思想传统中相对稀缺的自我概念提供了极为丰厚的深刻思考，其意义不亚于黑格尔《逻辑学》中对开端、对存在和无辩证关系所做的划时代思辨。

《逍遥游》被置于《庄子》诸篇之首，其无己之论，如同庄子华章的主旋律，永恒重现于全书的各种语境中，堪称全书的灵魂。"《逍遥游》一篇文字，只是'至人无己'一句文字。"[1] 宣颖善于庄儒对观，他在"己"字上做文章，把庄子无己与儒家克己对比："克己二字，孔子尝言之，被先儒解吃力了。读庄子无己，便以为放荡无稽，殊不思孔子对学者，说个克己，庄子就至人，说个无己。未为少缪也。倘不欲无己，又何为而克己也哉。庄子作文，为千古学人解粘释缚，岂宋儒能测其崖涘耶！故窃谓孔子之绝四也，颜子之乐也，孟子之浩然也，庄子之逍遥游也，皆心学也。"[2] 宣颖可贵处，在其儒道打通，格局可观。但以儒家心学释庄子无己，很可能有得于其"己"，有失于其"无"，而以无论己，正是庄子卓异儒家处。克己，本质上是个修身功夫，是个自制态度，属于个人的道德修为，而无己，乃是关于无、关于己的形而上学，旨在为个己与社会的道德价值秩序寻个终极意义上的根基和开端，两者之别，不言而喻。

庄子无己，很有针对性，目标应该是儒家尤其是孟子一

---

[1] （清）宣颖：《南华经解》，曹础基校点，广东人民出版社，2008，第2页。

[2] （清）宣颖：《南华经解》，曹础基校点，广东人民出版社，2008，第2页。

派的心学。庄子无己，根本上是无心，把儒家心学的根基"无"化，绝圣去知，绝、去的正是这个心字。当庄子把心及其所有价值与世俗粘缚以及认知和思维方式尽皆释解而去，心将"瞳焉如新生之犊"，成为"无心""无己"之新人、至人，此人"形若槁骸，心若死灰，真其实知，不以故自持。媒媒晦晦，无心而不可与谋，彼何人哉！"（《庄子·知北游》）《知北游》这个寓言寓意鲜明，再现《逍遥游》"无己"和《齐物论》"吾丧我"的主旨，将"无"的精神贯彻到底。寓言的主角名字就叫知，他北游于玄水之上，求索问道于诸子。知首先遇到的人叫无为谓，知问无为谓："何思何虑则知道？何处何服则安道？何从何道则得道？"三问而无为谓不答也。非不答也，不知答也。知不得问，并不罢休，他反于白水之南，登狐阕之上，看见了狂屈，就把刚才的问题抛给了狂屈。狂屈曰："唉！予知之，将语若。"中欲言而忘其所欲言。知不得问，反于帝宫，见黄帝而问焉。黄帝曰："无思无虑始知道，无处无服始安道，无从无道始得道。"

从无为谓到狂屈再到黄帝，庄子给出了知的三种境界，也是"去"知、"无"知的三种境界，其核心在无思无虑，也就是无心。用黄帝的话说，黄帝自己和知两个人终难近于道，因为言者不知，二人还停留在一般之知的阶段，此乃是非之知，尚且为物所累。狂屈则近于道，因为他虽知却能忘，欲言而忘其所欲言，已经超越是非之知，但尚在知与无知之间，近于知者不言的境界。最高的境界属于无为谓。无为谓真是也，以其不知也，或者说达到了知者不言的境界，这种境界已经超越知与不知的对待,言默不足于载。非言非默,议有所极,指的就是这个得道的境界。《知北游》关于知的思考,意味深长。思虑之心,知识之心,被损之又损以至于无为,这种无为之心,指向的正是超越所思与能思的思本身。作为思本身的思,穿越物与物累,"欲复归根",至于物物。物物者,非物;物物者,无。思之无,无之思,思本身,而非作为表象认知之思,乃庄子哲学的灵魂所在,这种无之思或思之无,如何可能?这是庄子之思的紧要处。

老庄为道,要在减、损的工夫,这一工夫有两个方向,一个是损物,一个是损心,而两个方向都最终朝向一个概念,这个概念就是气。损物之极,出现在《知北游》中舜与丞的对话中。

> 舜问乎丞曰:"道可得而有乎?"曰:"汝身非汝有也,汝何得有夫道?"舜曰:"吾身非吾有也,孰有之哉?"曰:"是天地之委形也。生非汝有,是天地之委和也;性命非汝有,是天地之委顺也;孙子非汝有,是天地之委蜕也。故行不知所往,处不知所持,食不知所味,天地之强阳气也,又胡可得而有邪?"(《庄子·知北游》)

这段文字耐人寻味。舜本来问的是道是否可以得而有之的问题,却被丞翻转成了求道者的主体是否存在的问题,也就是说,成了《齐物论》"吾丧我"的问题。丧到了什么程度?吾身,吾生,吾之性命,吾之子孙,吾之衣食住行,尽丧矣，统统弃"吾"而去，游方之内，当然也包括《大宗师》中被颜回"坐忘"掉的仁义礼乐等，一物不剩，一无所有，如此一来，"吾"还"有"吗？

既然已经一丝不挂，一毫无着，"吾"自然也就空空如也，自然也就没"有"了。但，庄子为文的高明之处，正在于其高超的反讽和隐喻艺术。行文至此，在"吾"已经空空如也，已经没"有"之处，澄显的恰恰是"吾"之没"有"的另一面，是"吾"之尚"有"、还"在"，因为"吾""无"到最后，"无"到终极处，仍"一息"尚存，而且这一息之气不是弥留之气，不是苟延残喘，而是生命绵绵不绝之强力，永恒不灭之精神，此之谓"天地之强阳气也"！

什么意思？当万物于我穷尽处，当我一物不挂时，我才能找到真正的自己，这个自己首先是通过"无"化我与物的关系实现的。"损"物、"无"物而归于天地之一气，意味着我从"万物之母"向"天地之始"的复归。"今已为物，欲复归根，不亦难乎！"难！比登天还难！除非能找到"唯一"正确的道（路）。路在何方？在气。惟能"通天下一气"者，"其易也"。

"天地与我并生，而万物与我为一"，《齐物论》中庄子这句豪迈之语如何可能？天地、万物、我皆同于通于一气，则可能。同于、通于一气，是复我与万物归根、反本之道。如何理解此气？这气看似通过减损万事万物而来，仿佛物理自然之气，实则不然，因为这一气，这一因物之气，本质上从心知的减损而来。没有"心斋"，不可能"坐忘"，气的形而上学，形而上学之气，由此澄明。这气，是"有"，但不是物之"有"，而是无物之"有"，是无"有"之"有"，是物物之"有"。在此，我们不仅要澄显此气的形而上学性，同时要澄显其个己意义。"己"需要"无"的根本支撑，需要自己的自我支撑，需要他者的支撑，这三者如何可能，是形而上学的真正关切所在。

字面看，庄子是要通过损物、无物达致无人、无吾，否定得道之人的主体可能性，消解主体之"有"，实际上，是在反讽地隐喻出人找到自己、复归于道的可能性，用尼采的话，损无之道，乃是一种形而上学的健忘，是一种"坐忘"，通过这种对万事万物之累、之役的彻底遗忘，才能斩断尘缘，超越是非对待，在复归于无中找到一个纯粹的开端，这是关于自我的一个新的绝对的开始、一种游戏、一个自转的轮子、一种初始运动，是通过无证成的对自身存在的一种神圣的肯定。这是一种新的生命与存在谱系，自然因果的谱系链条，血缘家国的种性谱系链条，意识形态及其神话的教化谱系链条，这些儒家、种族、国家、天下赖以存在的根基，被统统"忘掉"、悬置、扬弃，为的是一个纯粹之人亦即至人的诞生。这个至人，作为天地宇宙强阳之气的化身，无异于尼采强力意志化身的超人，此人一气贯通，绝对无待，仅仅是他自己，具有无穷生命力的自己。尼采的超人何以可能，庄子的至人何以可能，对两者的深察对观，具有重要的形而上学意义。

夫列子御风而行，泠然善也，旬有五日而后反。彼于致福者，未数数然也。此虽免乎行，犹有所待者也。若夫乘天地之正，而御六气之辩，以游无穷者，彼且恶乎待哉？故曰：至人无己，神人无功，圣人无名。（《庄子·逍遥游》）

列子像风一样自由，但那仍然是有待的自由，不是无待的自由。无待的自由才是真正的逍遥。何以无待？乘天地之正，而御六气之辩，以游无穷，才称得上无待。陆西星、宣颖等皆以阴阳二气解天地，郭象以"自然""性"解天地之"正"。至人所乘所御者，乃是比列子所御之风更为纯粹清虚者，乃是通天下一气之自然大化。这意味着能化己为气，同时化天地万物为气，物我俱虚，也就是说，能让自己冥物随化，虚怀顺物体道。虚己、顺物，是郭象注的要点，虚己顺物，玄同彼我，方为自然，自然才逍遥。在此，郭象对顺物之性，特别是有待无待的辩证思考，值得重视，因为点出了与他者的关系这一重要的哲学话题。

苟有待焉，则虽列子之轻妙，犹不能以无风而行，故必得其所待然后逍遥耳，而况大鹏乎！夫唯与物冥而循大变者，为能无待而常通，岂［独］自通而已哉！又顺有待者，使不失其所待，所待不失，则同于大通矣。故有待无待，吾所不能齐也。至于各安其性，天机自张，受而不知，则吾所不能殊也。夫无待犹不足以殊有待，

> 况有待者之巨细乎！……无己故顺物，顺物而至矣。①

郭象点出庄子"无"论、"气"论的旨趣，不在物，而在己，真正要"无"的不是万事万物，而是自己，是自己对待物的方式与态度。有待、无待的问题，也就是如何自由逍遥的问题，不在消灭有待之物或物之有待，而在于如何顺应有待之物之自然变化，即顺应有待之所待。所待者，物之天赋自性也。物各安其性，天机自张，其"殊"、其"有待"，应该得到尊重。这种对物的尊重，也就是对他者（物）的尊重，这种尊重不是道德意义上的，而是本体论意义上的，具有绝对的形而上学意义。郭象由此阐发出的万物自生、独化理论，意义非常，他道出了我与他者、他物之间的绝对的分离状态与本性，这种分离，正是列维纳斯的 séparation 所昭示的那种绝对的、具有形而上学意义的隔离。我与物与他者之间，有无限的距离，难以跨越，也不可跨越，因为每一物皆禀天地之正，天机自张，绝对自发，与我没有任何因果关系，故有待无待，吾所不能齐也，我"无""权"齐之，物自齐也。物"小大虽殊，而放于自得之场，则物任其性，事称其能，各当其分，逍遥一也，岂容胜负于其间哉！"② 也就是说，物之有待、有条件性，对我而言本质上应该就是无待、

---

① （晋）郭象注，（唐）成玄英疏，《庄子注疏》，曹础基、黄兰发点校，中华书局，2011，第 11～12 页。
② （晋）郭象注，（唐）成玄英疏，《庄子注疏》，曹础基、黄兰发点校，中华书局，2011，第 2 页。

无条件性①，就是无条件的绝对他者。换言之，我之存在所具有的唯一的资格和权力，是无条件地尊重物，尊重他者，这种尊重同时意味着自重，因为顺物之性，也就是顺己之性，也就是顺天地之正六气之辩。当物之有待，我之有待，都被当作无待的绝对者得到无条件地尊重时，真正的无待才能证成。

这层意思在《齐物论》"吾丧我"注中有所推进。"吾丧我，我自忘矣。我自忘矣，天下有何物足识哉！故都忘外内，然后超然俱自得。"② 物我内外皆忘，忘掉的是什么？忘的是足识、可识之物，即可以成为认知表象之对象的东西，而可对象化的事物，乃是可以占有之物，也就是可以引起是非之物，而这种可识、可对象之物，恰是物之有待。在此，我与物之有待，恰恰成了"丧"和"忘"的对象，如此才能超然俱自得，自得于天地之正六气之辩。

这样一来，《逍遥游》中的"无己"，与《齐物论》中的"吾丧我"，这两个本来含义接近的核心说辞，在郭象注中却对峙起来。物何以应该得到尊重？因其有待本无待而应该无条件得到尊重，还是只有当其自得于天下一气时才会得到尊重？有待之殊，与无待普遍大通之一气，什么关系？"通天下一气耳，圣人故贵一"（《庄子·知北游》），神人所贵之一，是天下一

---

① 郭象注中的有待、无待之辨，以及逍遥是否一也，是一个有争论的话题，参见刘笑敢《郭象之自足逍遥与庄子之超越逍遥》，载其《庄子哲学及其演变》（修订版），中国人民大学出版社，2012，第332页；韩林合：《游外以冥内——郭象哲学研究》，商务印书馆，2016，第177页。
② （晋）郭象注，（唐）成玄英疏《庄子注疏》，曹础基、黄兰发点校，中华书局，2011，第24页。

气之一，还是一事一物之一？这两个一，是一，还是二？

郭注引发的思考，关乎庄子的核心思想。这引出了对《齐物论》天籁之说的理解问题。子游的问题是："地籁则众窍是已，人籁则比竹是已，敢问天籁？"子綦没有直接回答什么是天籁，而是曰："夫吹万不同，而使其自己也，咸其自取，怒者其谁邪？"子綦这几句话，留下的是庄学中最重要也是最难解的千古悬案。子綦到底是在回答，还是在反问，还是在反思，还是在自言自语不知所云？

古今注庄，对天籁概念莫衷一是，或使、莫为，各执一词。郭注舍其"怒者"，取一个"自"字，"自己""自取"，并将"自"性发挥到底，以至于视天籁为无物，不过是万物自生自造独化之自然之共成一天，而已。郭象此注，执着一事一物之一，似乎忽视、淡化其与天下一气之一的关系。对观《逍遥游》至人无己之思，可以说，郭象此注的思考，仅仅止于列子御风的有待境界，而尚未进于至人无己的无待境界。其问题所在，是没有洞察"大块噫气"与"众窍为虚"的关系，没有勘破其中"虚"字的隐喻。

三

明陆西星撰《南华真经副墨》，以虚、静、恬、淡、寂、寞、无、为八个字为题，将《庄子》全书分为八卷。首卷为"虚字集"，包括《逍遥游》《齐物论》《养生主》三篇。其实，庄子"虚"的思想不只这三篇，而应该视为《庄子》一书的命脉所在。

虚,来自窍(孔、穴),在三籁语境中,窍、虚二字多次出现。"万窍怒呺","大木百围之窍穴,似鼻,似口,似耳,似枅,似圈,似臼,似洼者,似污者","众窍为虚","乐出虚,蒸成菌",等等。窍有自然之窍,更有人心之窍。"百骸、九窍、六藏,赅而存焉,吾谁与为亲?"心窍不开,也就不会有大知小知大言小言和构心斗角,不会有缦者、窖者、密者、小恐惴惴、大恐缦缦和是非之心,喜怒哀乐、虑叹变慹、姚佚启态也就无从萌生。

虚、窍相应,万籁由之而生。这虚、窍,乃万物之"自己",是其特殊性、个性、自性所在,大千万象,众生百态,皆由各自的虚和窍而来,夫吹万不同,而使其自己也,咸其虚窍自取! 这是庄子之思的一个重要方面,郭象注却对此过于执着,截取以为自己立说之本,舍弃"怒者其谁邪?"这一"天问",错失了庄子之思的辩证与深彻。

"怒者其谁邪"之问,应该与"大块噫气,其名为风"放在一起考虑,并与《逍遥游》列子御风、至人无己对观。

列子御风而行,泠然善也,犹有所待者也。所待者,风也。怒者其谁邪? 风也。风者,何也? 风乃大块噫气。"大块者,无物也。夫噫气者,岂有物哉,气块然而自噫耳! 物之生也,莫不块然而自生,则块然之体大矣,故遂以大块为名。"[①] 郭象此注

[①] (晋)郭象注,(唐)成玄英疏《庄子注疏》,曹础基、黄兰发点校,中华书局,2011,第24页。

十分有趣，耐人寻味。他把气与噫气者切割，然后把噫气者"大块"视为"无物"，直接抹杀掉，然后让气块然而自噫，自噫者其名为风。问题是，在此，他并没有将风作为"怒者"也给抹杀掉。风作，则万窍怒呺，风济则众窍为虚，万籁者，乃风这一怒者与千虚万窍的合奏与交响，缺一不可。这一点郭象并没有否认，何以接下来的天籁之注又明确抹杀"怒者"的存在呢？

以无物释大块，并不算错。大块者，天地自然一气，此气本纯粹，本无，无形无声，不可言，不可识，不可知，不可名，无待，无所待；待名其为风，已经是有待之物，有所待之物，可名、可识、可知、可见、可闻之物。大块之气，何以成风？天下一气，遇物则成形，遇窍则成声，作为怒者的风与与所吹之窍，共成万籁。这万籁当然不是物之"自得"，而是有自然的因果，有其主宰使然。万籁有待于众窍之"自己""自取"，同样有待于风，这所待之风，也就成了有待之物。列子御风而行，看似自由，实际上列子有待于风，风有待于列子，顶多算得上潇洒，并非真逍遥。

就风与众窍的关系看，郭象的理解没有问题。因为他对"怒者"主宰的拒绝，不是针对有待，而是针对无待，不是针对自然万物，而是针对超自然者。他的"上知造物无物，下知有物之自造也"，针对的不是成声之万籁，而是无声之天籁，是终极问题，是绝对的开端问题。"无既无矣，则不能生有。有之未生，又不能为生"，怎么办？只能是万物各自"块然而自生耳"。于是，天籁不再是一个问题，而仅仅是万物独化之自然而然的另一种称谓而已。"大块者,无物也",在庄子那里作为"物物"的"无物",在郭象这里成了真的无物,成了彻底的不存在,"大块"仅仅是一个没有意义的名词而已,甚至一个独立的名词都不需要了,因为郭象干脆把它转化成了一个修饰词"块然",指独化之物的"块然"自生。这样一来,庄子哲学中无的形而上学也就不复存在,绝对的开端问题也被抹杀。如此一来,《逍遥游》也就停在了列子御风的地步,不再需要至人无己了。

问题出在郭象没有真正领会庄子"虚"字的精神。虚应于窍,窍有物之窍,有心之窍,二者有质的区别。物窍之虚实然,可以成毁,但物化不尽,没有真正的虚无和断裂;心窍之虚应然,有生死,但对虚和无有自觉能力,意味着存在链条断裂的可能性,这种虚无能力,使其可以穿越存在的必然链条及其断裂,在精神或"梦"中永恒"物化"不息,这不是自然的物化,而是精神的物化。在庄子思想中,心窍之虚,乃是人之为人最根本的能力和最大的可能性,是自由的能力和可能性。庄子对虚的经典表达在《人间世》孔颜关于心斋的问答中。"心斋之要无他,虚而已矣。"[1] 船山此解,一语中的。而宣颖对这个虚字的体贴,堪称绝妙入微,择其解以小字附上,括号中为吾注:

> 颜回曰:"吾无以进矣,敢问其方。"仲尼曰:"斋,

---

[1] (清)王夫之:《老子衍 庄子通 庄子解》,王孝鱼点校,中华书局,2009,第112页。

吾将语若。有而为之（心斋之论，针对的是"师心"，旨在去"有心"），其易邪？易之者，皞天不宜。"颜回曰："回之家贫，唯不饮酒不茹荤者数月矣。如此则可以为斋乎？"曰："是祭祀之斋，非心斋也。"回曰："敢问心斋。"仲尼曰："若一志，（收摄心志）不杂也。无听之以耳（去形）无用形。而听之以心；无听之以心并无用心。而听之以气。听止于耳，止于形骸耳。心止于符。止于意之所合耳。气也者，虚而待物者也。气无端即虚也。（无端，无心物感知之端，无形无声则无端。无端者，天下一气也，纯净至无，为天地万物之始、之本，是为无端之端）唯道集虚。道来于此。虚者，心斋也"六根惟声尘最彻。故此独以听言之。

将虚字点破心斋。五蕴俱空。

颜回曰："回之未始得使，未能使心斋之时。实自回也；见我。（有我）得使之也，未始有回也，忘我。（无耳目视听思虑之我）可谓虚乎？"夫子曰："尽矣！吾语若：若能入游其樊而无感其名，忘名实之所在。入则鸣，不入则止。无门无毒，一宅而寓于不得已，则几矣。则道尽矣。凡此皆言虚也。

写虚字如是。

绝迹易，无行地难。人之处世，不行易耳，行而不著迹难。为人使易以伪，人事易于假托。为天使难以伪。天行之妙，难以假托。闻以有翼飞者矣，未闻以无翼飞者也；神运。（神运，天行，乘天地之正，御六气之辩，以游无穷者也。

心斋之虚,实乃无己)闻以有知知者矣,未闻以无知知者也。寂照。虚字妙用如此,岂苦空而已哉。(虚非寂灭空无,而是神运之思、天行之妙。无知之知,乃不言之辩,不道之道,不是知之寂灭,而是知之自反于无知之知,即是非之知、表象之知的自我解构与超越,以澄明知之本身。无思无虑始知道,说的正是这个意思,意在去心反气,以气为心、为思;以气为思,思之纯粹,思之虚极,思之无。以无知知,即无思之思,即从所思能思复反于思本身。思本身,在纯粹存在与纯粹无之间、之中,并以其纯粹和绝对性,而贯通有无,使有无之间成为可能。以气释虚,以虚为思,澄显的是虚的形而上学,这一形而上学因思而可能,而穿越古今)瞻彼阕空窍。(心窍而非物窍,应然自虚之窍)者,虚室生白,有空窍,则室生白光,全是心地上语。吉祥止止。夫且不止,是之谓坐驰。必是貌似心斋,而实外驰。夫徇耳目内通,耳目在外,而徇之于内。而外于心知,心知在内而黜之于外,虚字也。鬼神将来舍,而况于人乎!人岂有不化乎!是万物之化也,(人与物在人之自虚中化入天下一气,游心于物之初,化入形而上学之无)禹、舜之所纽也,伏羲、几蘧之所行终,而况散焉者乎!"[1]

"虚"意至此未尽,宣颖接着又总论曰:

咏叹虚字之妙。至此,则化王公不足言矣。以上引

---

[1] (清)宣颖:《南华经解》,曹础基校点,广东人民出版社,2008,第31~32页。

> 孔颜问答一事,先将不好处,一层一层,委曲披剥,然后一点斋字,然后一点心斋字,然后一点虚字,然后申写虚字,然后咏叹虚字。说一救正人主,直说到杳冥不着之处。人间世具如此本领,将恒河沙众不啻纳之琉璃界中矣。绝迹易,无行地难。细思此是何语?浅人所谓虚,不过是绝迹易事耳,此却无地而行,无翼而飞,无知而知。如此言虚,直是入无间、运无方,岂非人间世之第一义。[1]

解庄至此,堪称无与伦比!以无地而行、无翼而飞、无知而知解虚字,透彻无待逍遥之精髓、至人无己之灵魂。虚者,何谓?自虚也,自虚到无己,到无,直是入无间、运无方。

虚,能通有无者,能从母反始、从有反无者。这种从有反无的能力,标识的是人最本己的形而上学本性。这种虚、无的本性,应该成为哲学、宗教、道德、政治的根基与底色,这是一种干净、纯粹、至坚至贵、生生不息的根基与底色,能自觉自立于这一根基与底色,人性得立,哲学、宗教、道德、政治也就寻得了自己的人性根基与开端。这也是自由儒学能够成立的根基与底色。

心斋之虚无过程,可以看成对《齐物论》由无物到爱这一"知"之堕落历程的反动和解构。

---

[1] (清)宣颖:《南华经解》,曹础基校点,广东人民出版社,2008,第32~33页。

古之人，其知有所至矣。恶乎至？有以为未始有物者，至矣，尽矣，不可以加矣。其次以为有物矣，而未始有封也。其次以为有封焉，而未始有是非也。是非之彰也，道之所以亏也。道之所以亏，爱之所以成。(《庄子·齐物论》)

道者，物物也，无也，不可道也；道之初，有物混成也，以无为始也，虽有物，但乃先天地之物，无物之一气也，无界限，无分别，无对待，不可言；既已为一矣，且得有言乎？既已谓之一矣，且得无言乎？一与言为二，二者，界限也，分离也；二与一为三，三生万物，夫物芸芸，各是其是，是非生焉；是非何来？封、分离不是对待，不是彼此的否定，不是是非，是非来自言，来自成心，来自好恶偏私之心；是非之彰也，道之所以亏也。反者道之动，何以反动？虚也！虚其成心，虚其情欲，虚其言至于不言之辩，虚其知至于无知之知，知止其所不知，知之至矣，思之至矣。至知无知，至思无思，至知至思者即至人，无知无思即无己；无知无思，无所待而游乎无穷，无思无虑，始知道。无思之思，即虚字的终极义。

由此看来，郭象注庄，止于列子御风，而未进于至人无己，未解心窍之虚的形而上学意义，止于物而未进于思，个己及其自由没有得到真正的奠基。郭象的独化与自生之物，作为绝对的自身与绝对分离的他者，只有在虚无之思中，才能获得支撑和意义，才可能。也只有虚无之思，不言之言，才能使这些绝对分离的独化自在者之间的"共成一天"成为可能，这是一种形而上学的可能性，是来自天地之正、六气之辩的联系。在列维纳斯的思想中，这种共成一天的形而上学联系，本质上即是宗教。这是一种思与言的宗教，虚、无之教，可为天下众教之母。惟思的虚、无之教，可以保有个体的绝对独立的价值并反其于纯粹之思的终极根基中。思，成就的是个己、自我的存在论，以及与绝对他者本真关系的伦理—神学。独化之物是不可还原的终极自然之物，它命令我去尊重它，这种尊重意味着将其自反于作为其自身以及吾自身终极根基与开端的虚—无—思之中，个体的终极性及其终极价值由此得立。用黑格尔的话说，这是实体自我实现于主体的过程，是绝对精神的历程，如果这种精神就是无思之思本身的话；由此而来的，是终极命令，和终极尊重。这种终极性自身，不是他在，而是自在，是基于与自身相关联、并寻求与分离着的远方他者之关系的终极性。这种终极性仅仅因为无己之思而可能。

　　天籁者，怒者，其谁邪？虚也，无也，思也。唯道集虚，集无，集思。

　　庄子虚无之思的思想，在荣格的心理学中有很好的澄显。借助对道教文献《太乙金华宗旨》和《慧命经》的理解，荣格找到了会通东西方精神的最佳路径，找到了可以平衡、贯通有无的那个"虚点"（virtueller Punkt）。这一虚点意味着意识的虚无化自我革命，以及由此而来的与无意识之间所达致的和解与平衡。

通过这种理解，我们摆脱了无意识的支配。我们这部经典的教导本质上也正是为了这个目的。它教人集中于最内在领域之光，同时从所有外在和内在的束缚中解脱出来。他的生命意志将被导向一种没有内容、但却允许所有内容存在的意识。《慧命经》是这样描述这种解脱的：

一片光辉周法界，双忘寂静最灵虚。
虚空朗澈天心耀，海水澄清潭月溶。
云散碧空山色净，慧归禅定月轮孤。

这种对圆满的刻画描绘了一种心灵状态，也许可以把它称为意识从世界中分离出来，回到世界之外的一点。这样一来，意识既空也不空。它不再被种种物象所占据，而仅仅是包含它们。此前直接纠缠意识的完满世界并未失去其丰富绚丽，但已经不再能够主宰意识。世间万物对意识魔法般的要求已经终止，因为意识与世界的原初交织已经消解。无意识不再被投射，它与事物原初的神秘参与（participation mystique）也就消除了。于是，意识不再被各种强迫性的意图所占据，而是像这部中国经典所说的那样转向了禅定。[1]

作为最卓越的精神分析学家，荣格对道家意识哲学的分

---

[1] 荣格、卫礼贤：《金花的秘密——中国的生命之书》，张卜天译，商务印书馆，2016，第50~51页。

析深彻入微。意识从世界的分离,意味着我与己与物经验占有性、对象性关系的根本性解脱,世界万物不再占据、主宰意识,意识从天地万物的各种内容规定性中转身而去,回归空空之自身,此乃无己之思,亦即思或意识本身。唯其无己,才得其真己,此己明澈如镜,既不为物累,不役于物,也不毁万物,而是映照万物,澄明万物,"允许所有内容存在","包含它们"。能如此者其谁邪?唯"虚",贯通谐和有无(意识)之"虚"。

> 但如果承认无意识和意识共同起着决定作用,如果我们的生活能够尽可能地照顾到有意识和无意识的(较为本能的)要求,那么整个人格的重心就不再是那个仅仅是意识中心的自我(das Ich),而是介于意识与无意识之间的一个虚点(virtueller Punkt),我们或可称之为"自性"(Selbst)。如果这种转变能够成功,神秘参与就会被成功消除,由此会产生一种人格,它只是在较低层次受苦,而在较高层次则不可思议地摆脱了苦与乐。[①]

由自我向自性的转变,正是吾丧我的历程,这自性也就是无己之虚,这个虚点,意味着意识与思的在其自身,是人最根本的存在论支点或根基,由此而来的,正是《在宥》所谓的恬愉之情,此情超乎苦乐,乃是作为在宥天下之根基的

---

① 荣格、卫礼贤:《金花的秘密——中国的生命之书》,张卜天译,商务印书馆,2016,第52页。

自由情感。自由情感,乃是自由儒学或纯粹哲学的根基所在。

可以说,以思解虚,使庄子的逍遥不止于一般意义上的心灵自由,而进于存在论的自由。纯粹之思,是自由的本质,是个体与他者乃至世界的形而上学根基。这个意义上的思,作为绝对的开端和根基,是比自我、比己更为本源的存在;而思作为更为本源的存在,同时是无,这种辩证本性,是绝对开端独一无二的特质。由此,不是"我思",而是"思我",我立于思中,因思而在。思的纯粹自由,乃是个己纯粹自由的根基、支撑与本质所在,舍此,皆不足于己,舍此,皆不足于无己,舍此,皆不足于他者和神圣。在西方哲学中,能澄明这一思想的,是黑格尔和列维纳斯。

四

开端问题,是黑格尔《逻辑学》的首要问题。《逻辑学》第一卷"存在论"开篇题为"科学必须以什么作为开端",探讨的是哲学的绝对开端问题。哲学的开端不单单是开端,同时意味着原初的真实的根据,以及"在全部后继发展过程中当下存在着的、维系着自身的基础,一个始终并且完全内在于它的进一步规定中的东西"[1],也就是说,哲学的开端乃是哲学的命脉所在。

---

[1] 黑格尔:《逻辑学Ⅰ》,《黑格尔著作集》第5卷,先刚译,人民出版社,2019,第50页。

开端问题不同于哲学的本原问题，哲学的本原表达的是客观的开端，亦即万物的开端，这些本原是一个在某方面已经规定的内容：水、一、努斯、理念、实体、单子等。① 而真正的开端是逻辑的，是没有任何规定性的。

> 所谓开端是逻辑的，意思是说，它应当起源于一个自由的、自为存在着的思维要素，起源于纯粹知识。②

逻辑学是一门关于纯粹知识的纯粹科学，这一纯粹科学的开端，是一种自由、自为的思维要素，这一思维要素表达为"单纯的直接性"。

> 这个单纯的直接性是纯粹存在。正如纯粹知识只能在一种完全抽象的意义上叫作知识本身，同样，纯粹存在也只能叫作一般意义上的**存在**；存在，此外无他，没有任何进一步的规定和充实。③

作为开端的纯粹存在，必须是存在，而不能是无。但作为思维的开端，应该是一个完全抽象和完全普遍的、没有任何内容和规定性的纯粹形式。这种无规定的单纯直接性，意味着，纯粹存在尚未存在，尚且是无；它刚刚开始存在，但

---

① 黑格尔：《逻辑学Ⅰ》，《黑格尔著作集》第5卷，先刚译，人民出版社，2019，第45页。
② 黑格尔：《逻辑学Ⅰ》，《黑格尔著作集》第5卷，先刚译，人民出版社，2019，第46页。
③ 黑格尔：《逻辑学Ⅰ》，《黑格尔著作集》第5卷，先刚译，人民出版社，2019，第47页。

尚未存在；开端是存在，也是无。开端是在纯粹的有和无之间、之中的那种绝对的自发性，这种"一般意义上的存在"，要求从有到无的复返，复返于道家哲学意义上的"始"。

> 从各种**特殊的**、**有限的**存在回溯到存在本身，回溯到那种完全抽象的、普遍的存在，这既应当被看作是一个最最基本的理论要求，甚至也应当被看作是一个实践要求。[①]

黑格尔借用康德那著名的一百个塔勒，来说明这种纯粹的"存在本身"的意思。在《纯粹理性批判》中，康德用于批判上帝存在的本体论证明的一个主要论据，是强调 Sein（是，存在）不是实在的谓词，在逻辑应用中，它仅仅是一个判断的系词（B626）。"因此，当我思维一个事物时，无论我通过什么谓词以及多少谓词来思维它，通过我附加上'该物**存在**'，也对该物没有丝毫的增益"（B628）。因此，存在不是一个内容规定，从上帝的概念中刨不出上帝的存在、实存。现实的一百个塔勒与可能的一百个塔勒，就内容规定而言并无不同，存在抑或不存在，在此无关紧要。因为概念与存在是两回事。而就我的财产状况而言，却不同，因为现实的对象不是仅仅分析地包含在我的概念中，而是综合地加在我的概念上（B628）。

[①] 黑格尔：《逻辑学 I》，《黑格尔著作集》第 5 卷，先刚译，人民出版社，2019，第 68 页。

这里的关键，是"一般意义上的存在"和"已规定的存在"的区别，或者说，一般意义上的无和已规定的非存在的区别。康德用于批判本体论证明的"上帝存在"，与"一百个塔勒存在"，所涉及的，乃是两种根本不同的概念，因而也关乎不同的存在理解。"一百个塔勒"这个概念，乃是一个内容规定，"一旦'存在'和'无'等抽象东西获得一个已规定的内容，它们就不再是一些抽象东西；于是存在成为'实在性'，成为一个已规定的存在（100塔勒的存在），而无成为'否定'，成为一个已规定的非存在（100塔勒的非存在）。"[①] 已规定的存在，是定在（Dasein），无规定的纯粹存在，是哲学的开端，是思的存在，这一由巴门尼德开启的区别对哲学意义重大。

在黑格尔看来，巴门尼德开启了哲学的真正开端。在巴门尼德那里，思第一次在绝对抽象的意义上理解自己，第一次对思自身勃发纯粹的自觉，将自身的纯粹存在自觉为绝对唯一的真理和开端。[②]

> 思维，或者说那种仅仅盯着一个已规定的存在（即定在，Dasein）的表象活动，必须回溯到刚才说过的科学开端，即巴门尼德曾经提出的那个开端。巴门尼德已经把他的表象活动和后世的表象活动精炼并升华为一个

---

① 黑格尔：《逻辑学Ⅰ》，《黑格尔著作集》第5卷，先刚译，人民出版社，2019，第67页。
② 黑格尔：《逻辑学Ⅰ》，《黑格尔著作集》第5卷，先刚译，人民出版社，2019，第63页。

纯粹思想，即存在本身，随之创造出科学的要素。——**科学里的最初东西**必须表明自己**在历史里面也是最初东西**。我们必须把埃利亚学派的"**一**"或"**存在**"看作是我们关于思想所知道的最初东西；诸如"**水**"之类物质本原固然**应当**是普遍者，但它们作为物质，并非纯粹思想；同样，"**数**"既不是最初的单纯思想，也不是一个停留于自身之内的思想，而是一个完全位于自身之外的思想。①

自身内在无二，最初单纯如无，完全抽象普遍唯一，这是纯粹的思想和纯粹的存在，这是可以作为开端和根基的唯一的东西。这种东西，超越一切规定性，超越知性所认定的概念与存在的各种关系，而寻求思之自身的无限性存在，对于这种思自身的具体的无限性概念而言，尽管它超越一切规定性，却必然存在，必然为一切规定性之存在的开端与全部根基。这是有限的规定性概念和无限的无规定性概念的本质区别。物物者非物，但成就天地万物。

黑格尔借巴门尼德和康德的有关思想，强化这种纯粹存在的思、纯粹思的存在的绝对价值：

> 需要提醒的是，人在他的意念中恰恰应当提升到一种抽象的普遍性，在这种情况下，他实际上既不关心一

---

① 黑格尔：《逻辑学Ⅰ》，《黑格尔著作集》第5卷，先刚译，人民出版社，2019，第68页。

百个塔勒（无论它们和他的财产状态是什么量化关系）究竟存在抑或不存在，也不关心他自己究竟存在抑或不存在，亦即在有限的生命中究竟存在抑或不存在（因为有限的生命是一个状态，一个已规定的存在），如此等等。①

这一段类似《知北游》中舜与丞的问答，一切事物皆被消解，财产、自我、生死存亡皆被悬置，以还原复归于终极，这终极，丞称为强阳之气，黑格尔称为纯粹的存在本身。存在与不存在都不重要，重要的是存在，是存在存在，是存在本身这一绝对而纯粹的存在。这是巴门尼德—黑格尔所以之为哲学绝对开端的存在，它作为一个无规定的直接的东西，仅仅等同于它自己（而非不同于他者），无论对内对外都不具有任何差异性，因为没有内外，是纯粹的它自身，作为绝对空虚的自身，乃空洞的直观活动本身，是空洞的思维活动本身，是思之已发与未发，是思，但又是思之未思，是思之开启与一无所思，是无思之思，即思本身。思之未发为无，为一；思之已发，为二，为三，为物，言出、道出、思出物我。此物首先是自我意识，是自我的主体性，以及与自我相区分、相对待、相是非的世间万物。"思无邪"者，始于、立于纯粹之思、纯粹存在者也。纯粹之思，其存在自由自为，可为天地之始、万物之母，守此则自然，则天命之性，则循

---

① 黑格尔：《逻辑学Ⅰ》，《黑格尔著作集》第5卷，先刚译，人民出版社，2019，第68页。

道成教，则纯洁如处子，无暇如赤子，无思无虑无邪。

就此而言，纯粹存在，纯粹之思，乃是比自我更为根本的东西，是唯一适合作为绝对开端的东西。由此，黑格尔特意消解了自我作为开端的可能性，包括经验的自我意识和纯粹的自我，以及康德先验演绎中的"我思"和自我意识之纯粹统觉。这与庄子的无己，异曲同工。

那么，思如何无邪？因"无"而无邪。思之未发，是纯粹存在，是空洞的思维活动，作为无规定的直接东西，"实际上是无，既不比无更多，也不比无更少"，它是单纯的自身等同，是完满的虚空性，是空洞的直观活动或思维活动本身，因而也就是纯粹存在本身。纯粹存在与无的同一，意义非同寻常，因为世界由此开始，不得不开始，"它决心创造出一个世界"①。

> 因此纯粹的存在和纯粹的无是同一个东西。这里的真理既不是存在，也不是无，而是从存在到无的过渡和从无到存在的过渡——不是正在过渡，而是已经过渡。但二者的未区分状态同样不是真理，毋宁说，**二者不是同一个东西，二者是绝对区分开的**，但同时又是未分割和不可分割的，而且**每一方都直接消失在它的对立面里面**。也就是说，它们的真理是这样一个**运动**，即一方直接消失在另一方里面，而这就是**转变**（Werden）；在这

---

① 黑格尔：《逻辑学Ⅰ》，《黑格尔著作集》第5卷，先刚译，人民出版社，2019，第49页。

个运动里,二者是区分开的,然而它们所依据的区别同样已经直接地瓦解自身。①

这是黑格尔整个《逻辑学》的核心所在。纯粹的存在和纯粹的无是一,这个一是存在与无相互区分、相互过渡之运动、转变所维系所实现的一,两者是绝对区分开的,因而才有运动生成转变;这种区分又不是外在的,而是彼此不可分割的,也就是说,这二乃是自身运动之二,是自身中的、并最终使自身之一成为可能的二。存在与无,不是彼此外在对待,而是存在自身扬弃之无性,同时是无之自身扬弃之存在性。"它们不是相互扬弃,不是一方以外在的方式扬弃另一方,毋宁说,每一方在其自身之内就扬弃了自己,每一方在其自身之内就是自己的对立面。"② 扬弃不是彼此外在对待、彼此是非的否定与扬弃,而是自身扬弃自身,自身超越自身,而成为"另一个""自己"。"然大者非多而为一,必还于自体而成其为一。"③ 这种自我关联、自我扬弃、自我复返中所实现的自我超越运动,乃是关于哲学、关于世界、关于万物、关于个己之绝对开端的最为深刻的思考,它澄显的,是"绝对自发性"和"自因"概念所深蕴的真理。郭象的自生、独化所以可能的根据,就在于此。但,郭象没有自觉于有无之

---

① 黑格尔:《逻辑学Ⅰ》,《黑格尔著作集》第5卷,先刚译,人民出版社,2019,第62页。
② 黑格尔:《逻辑学Ⅰ》,《黑格尔著作集》第5卷,先刚译,人民出版社,2019,第85页。
③ 徐梵澄:《老子臆解》,崇文书局,2018,第71页。

辨的这一内在辩证理路，没有进于纯粹之思，未得庄子哲学之真髓。

思如何无邪？因"无"而无邪，也就是说，因思中之纯粹存在及其无的自身辩证运动而无邪。在这种自身的辩证运动中，生命的终极奥秘得以澄显，道因其自身的纯粹存在与纯粹无而被道出，在纯粹之思中被道出、言出。"道"可道，道的自身可道、道出，与在纯粹之思中被道、被道出，是一回事。道作为绝对的开端，与思作为绝对的开端，对于哲学是一回事。哲学之事，同时也是世界之事，因为没有哲学之思，没有老子、庄子、巴门尼德和黑格尔们，道不会向世界、向人类"自道"，不会作为开端向世界、向人类澄显。

作为开端的纯粹存在与无的自身过渡、扬弃、生成、转化、超越的无尽历程，正是生生之为道的灵魂所在，其最关键处，在于始终与自身的自我关联，以实践自身的存在与自由本性；同时是与绝对他者的关系，这种绝对他者之绝对，有如存在与无之绝对，似乎是绝对的彼此，但绝对不是是非之绝对，而是要在其绝对的区分、"分离"中"不可分割"。这种辩证关系，意味着在绝对的他者中的纯粹的自我承认，这种在他者中的自我承认，是我—他关系，但具有一种先天的自我内在相关性关联，只是这种内在性关联的精神实质是爱，而不是任何自然的、外在强加的，一如神在他的独子耶稣基督中的自我显示。

> 神显示出了，他的本性即在于有一个儿子，就是说，

区别开自己，有限化自己，然而在它的区别里仍然在自己本身里，在儿子里直观自己本身和显示自己本身，并通过这个与儿子的统一，通过这个在他物里的自为存在而是绝对的精神，所以儿子并不是显示的单纯的工具，而本身即是显示的内容。①

从黑格尔的角度，三位一体的逻辑还在，儿子不是工具，而是目的，有限本身即是无限的，即是无限自身的显现，即是神，即是唯一的神本身。基督即是那唯一的父神，而绝不是另外的神。

在神与其独子基督的关系中，我们能看到从万物之始到万物之母的自身逻辑关系，乃至于处子无性怀孕生子这一神话的深刻寓意。一种纯洁而神圣的自我生生的可能性与无限性。这种无限可能性，仅仅来自爱，来自在他人中的自我实现与承认，由此实现真正的无限性，"既然如此，那么某物以此在自己向他物的转化过渡中就只是**与它自己本身**相并合，而这种在转化中和在他物中同其自身的关系，就是**真正的无限性**"②。"这种在他人中的自我承认就是每一个人在受限定的、**有限的**时间中所能够享有的**无限的**生命的一个性质。"③真正的爱的无限性，在于自我与他者之间基于分离和个己性

---

① 黑格尔：《哲学科学百科全书Ⅲ 精神哲学》，《黑格尔著作集》第10卷，杨祖陶译，人民出版社，2015，第20页，§383。
② 黑格尔：《哲学科学全书纲要》（1827年版），薛华译，北京大学出版社，2010，第75~76页，§95。
③ 斯蒂芬·霍尔盖特：《黑格尔〈逻辑学〉开篇：从存在到无限性》，刘一译，中国人民大学出版社，2021，第478页。

而实现真正亲密、宽容、仁爱、无拘无束的自由关系，在爱的自由情感中，人与他者（他人/他物）彼此自在、自适其适且自适他适。

列维纳斯以 gracieuse（仁慈，优雅，宽恕）一词所表达的，正是黑格尔—基督教意义上的爱所蕴含的。

> 生育及其打开的视角证明了分离的存在论特征。但生育并不在一种主体的历史内重新焊接一个破碎总体的诸片段。生育打开一种无限的和不连续的时间。……它通过允许主体成为一个他者，而从主体那里剥夺掉命定性的最后踪迹。主体性的根本要求保存于爱欲之中——但在这种他异性中，自我性是仁慈的（**优雅的，gracieuse**），它卸下了自我主义的重负。[①]

卸下自我主义的重负，一如"吾丧我"而"无己"，回归的是更为自然纯洁的本性，成为爱的、宗教的主体性的自我。

列维纳斯继续黑格尔自我与他者的辩证关系，基于对黑格尔理性整体一元主义的恐惧和警惕，他恪守自身与他者的分离关系，拒绝任何总体性。主体自我与分离的他者之间的空间是弯曲的，自我与他者不在一个逻辑平面上，不是平行或横向关系，而是纵向弯曲关系，他者位我之上！两者之间

[①] 伊曼纽尔·列维纳斯：《总体与无限：论外在性》，朱刚译，北京大学出版社，2016，第293页。

的距离乃是一种绝对的深渊,唯一能够超越这种距离,能够使二者发生联系的,只能是思,是言,是表达爱意与仁慈的思与言,此乃生生之思、好客之言:

> 思想乃在于说话。我们建议把这样一种连接称为宗教;它在**同一**与**他者**之间建立起来,但又并不构造一种总体。①

思与言中绝对他者得以澄显,思与言中自我唯一可能的角色,就是成为仁慈好客的主人,"主体是一个主人"②,自我与他者和谐、友好、为二,拒绝整体之一。就此而言,上帝不是一,而是二,永远是二,神与其独子是二,不是一,能够联系他们的,只能是爱的纽带,而不可能是任何单一性、整体性吞噬。而实际上,作为无限者,上帝超越一,也超越二,他是纯粹本身,是纯粹的存在和纯粹的无,是纯粹的存在与纯粹的无的自身辩证运动之生生不息这一无限性本身。他以这种方式,且仅仅以这种方式,成为哲学与世界的开端、根基与绝对精神。也正是在这个意义上,黑格尔扬弃了康德对上帝存在的本体论证明的批判,因为上帝不是有限的事物,作为抽象的无限者,"他的概念和他的存在是**未分割**和**不可分割**的。真正的范畴批判和理性批判恰恰是要澄清对于这个

---

① 伊曼纽尔·列维纳斯:《总体与无限:论外在性》,朱刚译,北京大学出版社,2016,第11页。
② 伊曼纽尔·列维纳斯:《总体与无限:论外在性》,朱刚译,北京大学出版社,2016,第291页。

区别的认识,并且防止这种认识把有限者的规定和关系应用于上帝"①。黑格尔对康德的批评是恰当的,不过应该明确,这种恰当仅限于康德在《纯粹理性批判》中对上帝存在的诸证明所进行的基于知性的批判。在知性视域中被康德"驱逐"、悬置的上帝,在其实践理性批判之思和判断力批判之思中,找到了更适合自身无限性的"存在"与"现象"方式。

至此,我们可以说,开端,根本上是哲学的,也是宗教的。绝对的开端仅仅在于思本身,在思的纯粹、纯净、纯洁和爱中。由此澄明的是思的自由。自由之思,作为至高无上的自由,乃是一切自由的根基。惟自由之思,给出世界,道出世界,创造世界。这种"道出"、"生出"、"生育"、"创造",不是神学的,不是宇宙论的,不是自然的,不是血缘的,而是道论,是形而上学。这种形而上学的创造乃是绝对的自发性,无中生有的绝对自发性,即先验自由。从无中创造,即自由的创造。自由是思的本性,也是创造的本性。自由的创造乃是无的自身创造,因为无即纯粹存在。来自纯粹自由之思的"始"和作为纯粹存在的"母",其关系纯粹无比,这种纯粹无暇的关系只能由"无"来形容和确保,不能染一丝一毫尘埃,而对这种"无"最为恰当的也是唯一的界定,就是爱,这爱超乎儒家世俗道德所由之血缘亲情和自然

---

① 黑格尔:《逻辑学Ⅰ》,《黑格尔著作集》第5卷,先刚译,人民出版社,2019,第69页。

伦常，而为天地万物之唯一纽带、天性、天籁。由始而母，由无到有，乃天地之道，此道自然。自然之道，创造的是生生之德与爱的宗教。寻得此德此教之思，文明始得其根其本，寻不得此德此教之思，文明尚未开始。

自然

自然概念，称得上人类思想中最为本源的概念，这一概念意涵丰富，可以指作为对象的自然，可以指作为本源的自然，可以指作为生命存在视角、路径、方式、姿态和节奏的自然，亦即如何才能自然。想在哲学家的著作中厘清其对自然的理解，往往并不轻松。

《道德经》五千言，"自然"一词出现五次，使这个概念以非同凡响的方式登上汉语哲学的舞台："百姓皆谓我自然"，"希言自然"，"道法自然"，"莫之命而常自然"，"以辅万物之自然而不敢为"。《道德经》言简意不简，我与万物之自然，自然之自然，自然而然，道法自然，五句话似乎将自然的各种意涵尽摄其中，给后人留下无尽的解释空间。《庄子》八万言，"自然"一词出现的频率极低，屈指可数：有"常因自然而不益生也"（《德充符》），"顺物自然而无容私焉"（《应帝王》），"应之以自然""调之以自然之命"（《天运》），"无为而才自然矣"（《田子方》），"知尧、桀之自然而相非"(《秋水》)等。在钱穆看来，"似庄子心中，自然尚未成一特定之观念。庄子之所谓自然，不过曰顺物之自为变化，不复加以外力，不复施以作为而已"①。钱穆由此判定，自然概念在先秦道家观念中，尚未成熟确立，后经《淮南》《论衡》，到王弼注老、郭象注庄，道家的自然概念才得以成势，老庄的自然思想才得以澄明。

钱穆主要是就"自然"一词言老庄，这不是本文的旨趣所在。本文的旨趣，在于阐发庄子的自然精神，这种自然精神关乎生命和世界的基础与存在方式，乃是庄子哲学的基调。就此而言，庄子堪称人类思想史上最重要的自然主义者，与其遥相呼应的，非尼采莫属。

"中国的尼采是庄子"，这是诗人木心的灼见。就文本而言，庄子和尼采之间，有太多的相似性，也有很多看似针锋相对的表述。重要的是，能够穿越这种字面的异与同，去窥探两位哲人的精神堂奥及其灵魂深处的遥相呼应。最适合儒生聆听的哲人是庄子，最适合教徒聆听的是尼采，这意味着，他们在各自的语境中，成为流行道德价值的反思者、解构者、重估者，以及道德根基和价值本身的澄显者、新价值的奠立者。这种价值重估和价值重建，是这两位哲人真正的遥相呼应处，而这种呼应的关键，在于他们的自然观，在于他们对自然概念的卓越探索和洞察。

---

① 钱穆：《庄老通辨》，生活·读书·新知三联书店，2004，第361页。

一

在作为"一种未来哲学的序曲"的《善恶的彼岸》中，尼采写道：

> 不要依赖人自身的解放，不要依赖飞到遥远异乡所感到的喜悦，鸟儿越飞越高，为了看到身底下更多的东西：——展翅高翔是危险的。（§41）[1]

写《逍遥游》的庄子，看到尼采此言，会做何感想？庄子的大鹏，"水击三千里，抟扶摇而上者九万里"，"绝云气，负青天，然后图南"，不仅飞得高，而且飞得远，在这只神鸟眼里，那位说"展翅高翔是危险的"的尼采，无异于蜩与学鸠。而在庄子心目中，鲲鹏尽管超凡绝伦，无与伦比，却仍然算不上逍遥，仍然不过是有待之物，在真正逍遥无待的至人眼里，鲲鹏与蜩与学鸠没有本质区别。《逍遥游》的逍遥境界是这样的："若夫乘天地之正，而御六气之辩，以游无穷者，彼且恶乎待哉？"看到这里，尼采会做何感想？

庄子逍遥旨在无己，而尼采的"不要依赖……"则相反，旨在为己，以证明自己、保护自己、确立自己。而换个角度看，庄子的逍遥无己须无待，尼采此处反复强调的"不

---

[1] 尼采：《善恶的彼岸》，魏育青等译，华东师范大学出版社，2016，第62页。

要依赖……"也有"无待"、独立、自主的意思,只是比较起来看显得"经验"了些,没有庄子的无待那么"先验"和超凡绝俗:

> 必须自我考验,证明自己是注定独立自主和发号施令的,而且要及时这样做。不能躲避自我考验,尽管这可能是能玩的最危险的游戏,而且最终只是在我们面前进行的,我们自己是目击者,并无别的裁判在场。不要依赖某个个人,哪怕他是最受青睐的,——每个人都是一所监狱,也是一个角落。不要依赖某个祖国:哪怕它是最痛苦、最需要帮助的,——在心中割舍战无不胜的祖国,这相对来说要容易些。不要依赖某种同情:哪怕是对高尚者的同情,我们意外地发现了他们偶然的痛苦与无助。不要依赖某种科学:哪怕它用看起来是特地留给我们发现的无价之宝进行引诱。不要依赖人自身的解放,不要依赖飞到遥远异乡所感到的喜悦,鸟儿越飞越高,为了看到身底下更多的东西:——展翅高翔是危险的。不要依赖我们自身的美德,不要整个儿变成我们身上某个细节的牺牲品,比如我们的"热情好客":这对上等和富足的心灵来说是险上加险,它挥霍无度、几乎冷酷无情地对待自身,将慷慨这一美德变成了罪恶。必须懂得保护自己:这是对独立性的最有力的考验。(§41)①

---

① 尼采:《善恶的彼岸》,魏育青等译,华东师范大学出版社,2016,第61~62页。

为了证明自己、保护自己的独立自主，必须自我考验，这种自我考验近乎残酷无情，对于自己无异于彻底的革命。要么证明自己的独立自主，要么不要命，只能二选一。虽然针对的是生命的经验现象，但在自我考验中所进行的无异于纯粹的现象学先验还原，人生最重要、最基本的一切：某个人（哪怕是对你最重要的人），祖国（伟大的祖国、家国情怀、族群、社会、政治），同情（爱、情感），科学，自由解放（权利、诗与远方），美德（一切价值）等，尽皆被悬置，被剥离，剥离得干干净净，一丝不挂，以此证明、保护自己的纯粹"自己本身"。尼采这里的自我考验，与《知北游》中"舜问乎丞"中对人自身存在的彻底解构，异曲同工，惊人地相似。庄子解构人的经验存在，消解个己，回复天地强阳之气，是为逍遥无己，旨在确立个体的先验可能性根据。尼采由对人的经验解构，企图确立人的纯粹个己自身，问题在于，如此一丝不挂的"自己"何以自立、自主、自在？这是"自己"，还是"无己"？

尼采的"自己"将立于何处、归于何处？尼采意欲何为？

"展翅高翔是危险的"，尼采此语意味深长。天堂和地狱都不是尼采喜欢的词汇，欧洲和人类的天空已经被道德和宗教的雾霾重度污染，早已不适合人类的翅膀和自由。人的自由，人的自己，需要无比坚实深厚的根基和怀抱，这个根基和怀抱只能是大地。

大地（Erde）是尼采的核心概念和隐喻，是扎拉图斯特拉如是说的基调，是其狄俄尼索斯哲学的归宿。"超人是大地的意义，让你们的意志说吧：超人必定是大地的意义！我要向你们发誓，我的弟兄们，你们要忠于大地，别相信那些向你们侈谈超越大地的希望的人！他们不论知或不知，都在放毒。他们都是蔑视生命的人，是濒死者和毒害自己的人，大地已厌倦他们：但愿他们死去！从前，亵渎上帝是最大的亵渎，但上帝死了，故渎神者也死了。现在，最可怕的事情是亵渎大地、是尊崇玄妙莫测之物，以为它甚于大地的意义！""我爱那些人，他们首先不在星辰的彼岸寻找一个坠落和牺牲的理由：而是为大地而牺牲，使大地终为超人的大地。"①

视域从天空、从高处和远方被拉回大地，大地是生命和肉体本身，是生命和肉体的意义。作为生命和肉体的大地，是对人类的"超越"和"改善"，超越、改善所至，不是天上的神灵，天空和天上的神灵已经一起崩塌，而是至于"意义""超人"和"混沌"（Chaos），至于大地之神："尼采称自己是狄俄尼索斯的追随者，狄俄尼索斯，这个一切自然力的总的化身，不是随便一个天上的神，而是大地的神。在这里，大地不是一个地理学天文学的概念，而是一个有机的构成物，一个更高级的群落，一个与神贴近的灵魂载体，它富有意义地把人类也包括在内；大地是我们生命的第一个宇宙环，第一个群落，正如古代全部表述所显示的那样，埃琉西

---

① 尼采：《扎拉图斯特拉如是说》，黄明嘉、娄林译，华东师范大学出版社，2009，第35、39页，译文有改动。

斯神话①的任务就是保存这个群落的意义。"②

显然,对人类的"超越"和"改善",并不是发生在人类之外,而是在人类本身,换言之,超人乃是人类的自我克服与超越,这种超越不是"展翅高翔",也不是"眺望远方的海",而是自我回归,回归生命、肉体之大地,回归自然,这自然的自我回归,是成熟与圆满的坠落:

> 无花果从树上落下,美好而香甜;它们落下时,红皮破裂。我便是那一阵吹落无花果的北风。③

成熟与甜美的大地,是狄俄尼索斯悲剧的精神所在。以超人为大地的意义,以大地为信仰和尊崇之物,是对生命最高意义上的肯定,这种肯定写在大地的丰收隐喻中。甜美的果实,意味着丰收,也意味着苦难、完结和死亡。酒神狄俄尼索斯的悲剧精神在于其无限的肯定性力量,肯定生命的快乐,肯定生命的痛苦,肯定大地的苦难。

从一开始,酒神就是作为肯定性的神和好肯定的神同时出现的。他并不满足于在更高的超个人的快乐中"解除"痛苦,相反他肯定痛苦,并将它化为某个人的快乐。这就是酒神在多重肯定中得以自我转变,不至于

---

① 古希腊埃琉西斯地区流传的关于大地之母得墨忒耳的神话。
② 维茨巴赫:《尼采的哲学"主楼"》,载尼采《重估一切价值》,维茨巴赫编,林笳译,华东师范大学出版社,2013,第49页。
③ 尼采:《扎拉图斯特拉如是说》,黄明嘉、娄林译,华东师范大学出版社,2009,第152页。

在本原的存在中消融，也不至于使多元性再次被并入原初之根基的原因。他肯定成长的痛苦，却不复制个体化历程中的苦难。他是肯定生命的神灵，对他而言，生命必须被肯定，而不是得到辩护或救赎。①

作为肯定之神的大地之神，狄俄尼索斯肯定的是生命本身，包括了生命本身的痛苦与快乐（这种生命本身的苦与乐，是自由情感的愉悦、庄子的乐、列维纳斯的享受之内蕴，同时是这种内蕴的自我超越），他不寻求在本原和原初根基中转化、解除自身生命的痛苦，因为那种解脱往往意味着个体自身的被吞噬、被消解、被溶化，不适合"证明自己""保护自己"。狄俄尼索斯意味着个己与本原、自我与本原宇宙之间的一种有机和"辩证"关系，这种有机关系得以可能的根据，深植于狄俄尼索斯的大地之中，深植于自然的创造奥秘之中。

二

狄俄尼索斯是贯穿尼采一生的核心哲学概念，从最初的《悲剧的诞生》，到后期遗稿《重估一切价值》，狄俄尼索斯都是主角。可以说，尼采哲学乃是关于狄俄尼索斯的一场悲剧，在悲剧的不同阶段，狄俄尼索斯的对手搭档一直在变，

---

① 吉尔·德勒兹：《尼采与哲学》，周颖、刘玉宇译，河南大学出版社，2016，第26页。

但狄俄尼索斯本身作为同一者却永远不变,狄俄尼索斯的悲剧精神在永恒轮回中永恒重现。换言之,尼采心目中的悲剧一直在大地之上永恒重现、上演:从狄俄尼索斯与阿波罗,到狄俄尼索斯与苏格拉底,再到狄俄尼索斯与十字架,最后是大地之神狄俄尼索斯与"多产的、欢乐而痛苦地分娩的大地之母"阿里阿德涅(Ariadne)的婚姻。尼采的悲剧,狄俄尼索斯的悲剧,在大地之神与大地之母的交合、生殖与繁衍的痛苦与快乐中达到高潮。痛苦是生命悲剧的基调,快乐是痛苦这一生命悲剧基调的底色。也就是说,苦难和快乐,都是生命和自然的本色,而对苦难和快乐的肯定,或者说这种肯定性本身,作为生命和自然的力量的自身肯定,乃是快乐的真正和唯一的根据,这正是庄子濠梁之乐的形而上学根据。换言之,当人有能力、有资格在自己的命运中直面并深入大地的悲剧性苦难时,生命的快乐底色才会朗显,个体与生命的自然意义才能澄明。

尼采的狄俄尼索斯悲剧,与他的恩培多克勒斯情节深度相关:

> 恩培多克勒斯试图探索大地的最终、最深的意义;他牺牲自己,跳入埃特纳火山口,以便进入大地的深处。尼采在青年时期感到被恩培多克勒斯的命运深深吸引,曾试图用诗歌塑造这一形象,但没有成功,他注定要亲身经历这种命运。这本著作[①]的最后问题是他的"埃特

[①] 即尼采遗稿《重估一切价值》。

纳火山",他跳进去,以便在精神的火葬中理解大地的意义,我们生命的宇宙意义。

荷尔德林在《恩培多克勒斯》中的预言式的诗句,向我们揭示了尼采遗稿的神秘意义,使我们对他的悲剧性命运获得新的、高尚的见解:

> ……我的心
> 坦诚地献给严峻的大地,
> 受苦的大地,在神圣的夜晚
> 我常对她发誓,至死不渝
> 无限忠诚,热爱这多灾的大地
> 决不拒绝她的任何难题。
> 我与她缔结了死盟。①

作为尼采遗稿《重估一切价值》的编者,维茨巴赫由此揭示出一条极为重要的精神谱系,这一谱系从康德《判断力批判》开始,继之以歌德对《判断力批判》的洞察和生命最后阶段的洞见,以及荷尔德林的伟大体验,直到尼采最深邃的智慧。这堪称人类历史上最为关键的一条精神谱系,决定这一谱系的灵魂,正是对自然、对生命终极奥秘的思考。这是尼采最后的思考。

在批判哲学中,自由概念无疑是最耀眼、最核心的概念,

---

① 维茨巴赫:《尼采的哲学"主楼"》,载尼采《重估一切价值》,维茨巴赫编,林笳译,华东师范大学出版社,2013,第50页。

自然概念看似没有那么耀眼，但同样是康德哲学最核心的概念，是康德始终在面对、纠结、探索、反思、评判的对象，可以说自由与自然的关系构成了整个批判哲学的主旋律，人为自然立法、人为自我立法、自然为人立法，是其不同阶段的变奏。[①] 在《判断力批判》导论中，康德对三大批判有个总论，以厘清知性、实践理性、反思性判断力各自对自然的考量：

> 知性通过它对于自然而言先天法则的可能性提供了一种证明，即自然只是作为显象才为我们所认识，因而同时提供了对自然的一个超感性基底的指示，但却使这个基底完全**未被规定**。判断力通过其按照自然可能的特殊法则来评判自然的先天原则，使自然的超感性基底（无论是在我们之中还是在我们之外的）获得了**通过理智能力来规定的可能性**。但是，理性则通过其先天的实践法则赋予同一个基底以**规定**。[②]

思辨理性批判，通过先验演绎，解决的是科学知识如何可能的问题，这是启蒙的核心问题，即如何将被人类想象力和情感所迷幻的自然及其迷信，归入知性范畴的立法权界之中，使之成为理智的可理解的经验和知识，这是启蒙的伟大

---

① 赵广明：《自由、信仰与情感——从康德哲学到自由儒学》，社会科学文献出版社，2019，第19~35页。
② 康德：《判断力批判》，李秋零译，载李秋零主编《康德著作全集》第5卷，中国人民大学出版社，2007，第206页。

成就，是近代理智主义的一大突破。但知性无力于物之自身（Ding an sich），那个经验物理自然所指示的作为"超感性基底"的更为深蕴的"自然"或"自然-an sich"永远在知性显象之外，并作为知性—自然的永恒界限"自我隐匿"。这自我隐匿的更为本源的"自然"，乃是"理念自然"。① 康德将这知性没有能力予以规定的"超感性基底"交给实践理性去处理。实践理性以否定、限定、扬弃整个自然因果世界的方式，无中生有地创造出自由的因果性，让先验自由以绝对自发性的方式，也就是自因或第一因的方式澄显在这个世界上，成为整个世界的人性开端与道德根基，并借助自由与普遍道德法则的一体关系，粗暴地从道德动机中摒弃感性自然因素，强制规定人自身的自然，使其归顺于普遍道德法则的自律，实现人的自我立法，也就是自由意志的自我立法或"自因"。这实际上是人的自由意志的自我循环论证，与自然，与自然的"超感性基底"无关，只不过是意志自由独断地将自己当成了"超感性基底"，僭妄和自以为是地占据了"自在"（An-sich）的王位。对此，尼采有言：

> 哲学总是按自己的形象创造世界，它不可能不这样。哲学就是这么一种暴虐的欲望，精神上的权力意志，

---

① 赵广明：《康德的信仰——康德的自由、自然和上帝理念批判》，江苏人民出版社，2008，第93、101页；赵广明：《自由、信仰与情感——从康德哲学到自由儒学》，社会科学文献出版社，2019，第32页。

"创造世界"的意志,追求第一因(causa prima)的意志。(§9)[1]

人的自由意志成了创世的权力意志,成了第一因的上帝,第一因即自因(causa sui)。尼采对自因,对自因的自由意志或意志的批判不遗余力:

> 自因是迄今为止能想到的最出类拔萃的自我矛盾,它是一种逻辑强暴,是做作的、不自然的……要求"意志自由"的是形而上学至高无上的理性,而这种理性依然不幸地统治着半开化的头脑;要求自己对自己的行为承担全部和最终责任,不再让上帝、世界、祖宗、意外、社会插手;这类要求不是别的,就是自因,比明希豪森男爵[2]更加狂妄自大,竟想揪着自己的头发把自己从虚无的沼泽中拉起来,拉到存在中去。假如有人看清了"自由意志"这一著名概念原来就像乡巴佬一般单纯,所以在自己脑中删掉了它,那么我现在请求此人,把他的"启蒙"再推进一步,把那个伪概念"自由意志"的反面也删掉:我说的就是"非自由意志",它会导致对因果的滥用。(§21)[3]

因果关系,是哲学最根本的关切,是休谟和康德之间的

---

[1] 尼采:《善恶的彼岸》,魏育青等译,华东师范大学出版社,2016,第14页。
[2] 明希豪森(1720~1797),人称谎言男爵,牛皮大王。
[3] 尼采:《善恶的彼岸》,魏育青等译,华东师范大学出版社,2016,第32~33页。

核心链条,关乎康德批判哲学的核心考量。尼采将"自由意志"的自因和"非自由意志"的他因尽皆消解,无疑抽掉了康德哲学特别是其实践理性的拱顶石与基石。尼采比休谟更彻底,他要革因果关系的命,这不是"哥白尼式革命",而是"虚无主义革命":

> 人们应当把"起因"和"效果"只当作纯粹的概念,这就是说,将它们用作一种约定俗成的虚构,便于指称和理解,而不是用来解释什么。在"自在"(An-sich)之中并没有"因果联系",没有"必然性",没有"心理上的不自由",那儿也不会有"因导致果",那儿没有"规律"在统治。仅仅是我们自己臆造了起因、次序、彼此、相对、约束、数量、法则、自由、根据、目的;若是我们将这个符号世界作为"自在"强加到事物上去,将它们混为一谈,那我们就是积习难改,又在讲神话了。(§21)①

如果把这些虚构的符号、臆造的秩序统统去掉,不就是庄子的绝圣弃智和中央之帝"混沌"吗?

尼采所言与康德本质上并不矛盾,区别只在于,在先验演绎中作为普遍必然性的纯粹概念,被尼采视为约定俗成的虚构。概念无论作为纯粹的,还是虚构的,都不能也不允许

---

① 尼采:《善恶的彼岸》,魏育青等译,华东师范大学出版社,2016,第33页。

染指"物自身"或"自在",这是康德和尼采的共识,但康德凭借这些纯粹概念为科学知识和经验世界奠定坚不可摧的基石和秩序形式,而由此而来的这些经验知识的世界,在尼采看来,不过是"虚构"和"幻象",甚至称不上对"文本"的"解释",仅仅是虚构。

康德通过显象界(自然界)与物自身(自然本身)的严格区分,保证了自然的显象世界的存在,也为作为自然本身的物自身或"混沌"留下了"空间",但这个空间不在纯粹概念的界域内,而是在实践理性批判的界域中,而其真正的"敞开",则有待于判断力批判:审美,崇高,自然的合目的性,特别是天才艺术。在此,自然本身以不同的方式和姿态,向人的自由的想象力、悬置概念能力的知性、自由情感、恐惧、理念以及人类的终极目的逐渐"自我"澄显出来,而其最纯粹的澄明是在天才那里。

> **天才**就是给艺术提供规则的才能(自然禀赋)。既然这种才能作为艺术家天生的创造性能力本身属于自然,所以人们也可以这样来表述:**天才**就是天生的心灵禀赋(ingenium),**通过它**自然给艺术提供规则。[1]

天才(Genie)概念使康德的审美理论得以突破主体性的一般界限,自然或自然本身由此直接将自身启示给世界。这

---

[1] 康德:《判断力批判》,李秋零译,载李秋零主编《康德著作全集》第5卷,中国人民大学出版社,2007,第320页。

一启示击中了歌德,并成就了一直延续到尼采的精神谱系。

《判断力批判》在康德哲学中具有根基性意义,标志着批判哲学不断探索和自我超越的最终圆熟。艺术和美的创造,使得那在知性概念面前隐匿的终极之物得以澄显。尼采继承的是这一思想路径。他彻底解构因果关系,意在打破纯粹理性批判中对世界的两重划分。对于尼采,只有一个世界,终极与显象,真理与表象,文本与解释,应该是一个东西。那么,被分裂的世界,如何为一?

这需要颠覆,需要革命,需要庄子式的革命,因为我们的视角,我们的思维方式,已经被本质与现象、此岸与彼岸、真理与表象、真与假、是与非的对立格式化了。"如今无论站在哪个哲学立场上,无论从何角度看,我们相信自己生活在其中的世界的谬误都是确凿无疑的"[1],尼采要根本上改变这种立场和视角:

> 真理比表象更有价值,这不过是个道德上的先见罢了,甚至是世界上被证明得最拙劣的一个假设。不妨承认以下这些吧:假如不是基于透视的估量和表象,便不存在什么生命;要是打算像某些哲人那样,带着美德的热情去笨手笨脚地拆除"表象世界",嗯,假如你们行的话,——那么,至少你们的"真理"会因此片瓦不存!是的,究竟是什么迫使我们去假设,在"真"与

---

[1] 尼采:《善恶的彼岸》,魏育青等译,华东师范大学出版社,2016,第54页。

"假"之间存在着本质对立?设想为表象等级,犹如光亮投下的或浅或深的阴影以及总体的明暗变化,——用画家的话来说,就是不同的色调——,难道这样还不够吗?为什么这个与我们息息相关的世界,——不能是虚构的呢?谁要是问:"创作者属于虚构,虚构总得有个创作者吧?"——谁就别指望回答会非常圆满:为什么?这"属于"难道不能也属于虚构吗?难道不能像对谓语和宾语那样,对主语也带点儿反讽吗?哲学家难道不能超越对语法的信仰吗?对"语法"这位保姆,当然要毕恭毕敬,不过现在到时候了,哲学应该抛弃抛弃对保姆的信仰了吧?——(§34)[1]

真理与表象,真与假,"自在"与虚构,没有本质的对立,只有色调、深浅、强弱的变化,就像庄子的万籁,只有音调音色之别,各是其是,各适其性,有等级之差,无本质之别。而且,而且这个与我们息息相关的世界,整个儿本质上可能就是虚构,而且这虚构连虚构的主体都不需要。虚构对虚构者的解构,一如谓语和宾语对主语的反讽、反抗和解构。

世界上最高、最大的法是什么法?是语法。如果对"语法"的信仰被解构被抛弃的话,无异于宣告"上帝死了",而且后果更严重。上帝死了,世界的主语、主体、创造者没

---

[1] 尼采:《善恶的彼岸》,魏育青等译,华东师范大学出版社,2016,第54~56页。

了，世界还可以在无神状态苟延残喘，而人说话的"语法"没了，主语没了，语言的秩序解体了，那么语言也就可能陷入胡言乱语的混乱状态，人类也会陷入混沌状态，"存在的家"没了，"言"不可言，"道"不可道，万籁失序，天籁成杂音。

尼采的语法隐喻意义重大，这也是他在后期遗稿中重点关注的问题，由此得以把对"意志自由"的自因和"非自由意志"的他因的因果性解构进行到底。实际上，尼采真正想解构的，不是因果关系本身，而是因果关系中的"主语""主体"。

当一切都是"虚构"，无主体、无主语的"虚构"，那么，这"虚构"如何可能？"'虚构者'其谁邪？"的问题是回避不了的，尼采将以何种方式解决这一问题？

有一个问题似乎已经解决，那就是个体或万物与"自在"的关系，一切都存在于、"虚构于""自在"的不同色调上，或者说，一切都是"自在"的不同色调，或者说，一切都是自在的色调，一如庄子的天籁，一如郭象的自在独化理论所言。不需要因果，万物皆"自因"独化，皆摆脱了与主体、与上帝、与人的自由或不自由意志的关系。进而言之，连"自在"本身也是虚构。一切皆虚构，就此而言，一切虚构之物皆"彼我均也"，没有本质区别，都是"寓言"，无所谓什么"真实世界"；一切皆虚构，但虚构的色调、音调却不一样，没有任何两片雪花是完全一样的，个性十足，同时表象的等级也是有的，这等级来自其自身的色差。现在看，尼采备受诟病的对等级的宣扬，其本意可能正是为了以此代替本质性的对立与彼此是非。

这"属于"难道不能也属于虚构吗？这意味着，连"虚构"也成了"虚构"！如此一来，尼采真成了绝对的"虚无主义者"，比佛教的"空"还要空。

尼采不是在玩文字游戏，他是在进行思维解构和哲学革命，并由此导向关于自然本身或"自在"的极其深刻的思考。在《偶像的黄昏》中，有一颇具反讽意味和戏剧性的凝练短篇，名为《"真实世界"最终如何变成了寓言——一个错误的历史》，在此，尼采"虚构"概念的真义得以澄显。这个"错误历史"的最后阶段、最后一幕是这样的：

> 我们废除了真实的世界：剩下的是什么世界？也许是虚假的（scheinbare）世界？……不！**随着真实的世界的废除，我们同时废除了虚假的世界！**
>
> （正午；阴影最短的时刻；最长的错误的结束；人类的顶点；**查拉图斯特拉的开始。**）①

柏拉图构筑的真实的世界，哲人、虔诚的人和有德行的人可以达到并生活于其中并以之为自己的存在的真实的世界的理念，在一个错误的历史中，被基督教、康德、启蒙、自由精神一步一步消解成一个无用的、多余的、应该废除的理

---

① 尼采：《偶像的黄昏》，李超杰译，载《尼采著作全集》第六卷，商务印书馆，2015，第98页。

念。最后成了一个纯粹的寓言,庄子的寓言。这个真实世界的理念及其寓言的最后终结者,是扎拉图斯特拉及其伟大的正午,这是一个新的寓言,旧的寓言像早餐的残羹冷炙一样已经被丢弃,新的寓言及其新的历史就此开始。这是伟大的开端?还是旧的轮回的开始?要确保扎拉图斯特拉的前厅和狄俄尼索斯的主楼坚不可摧,不永恒重现柏拉图"理念—寓言"的宿命,尼采对一切价值的重估必须新的"语法"。只有全新的可以独立运行的(语言)法律系统以及全新的(语言)法治理念,真实的世界才会在永恒回复的命运中每一次都是新的,每一次都是真的,"道"才"可道",从而避免在一轮又一轮的"主语""主人"的独裁专制中不断地崩塌为虚假的寓言和历史的笑料的悲剧宿命。

整个近代哲学其实都做了些什么呢?从笛卡尔开始,所有哲人——更多地是在抵制他,而不是基于他——都打着批评主谓概念的幌子,谋杀古老的灵魂概念,——即是说,谋杀基督教学说的基本前提。近代哲学在认识论上持怀疑立场,或明或暗地是**反基督教的**:虽然,说得好听一点儿,并不是反宗教的。从前人们相信"灵魂",就像相信语法和语法上的主语:人们说,"我"是条件,而"思"是谓语,受条件制约——思是一种活动,**必须**设想有一个主体为起因。于是人们以一种令人赞赏的顽强和狡猾劲儿进行尝试,看看是否能从这张网里钻出来,——是否完全颠倒的说法才是真理:"思"

是条件,"我"则受条件制约,即"我"只是一种由思来**实现**的综合。**康德**其实意在证明,从主体出发是无法证明主体的,——客体也一样:单个主体即"灵魂"可能只是一种**表面上的存在**,这种可能性对他来说或许并非始终是陌生的,该想法在吠檀多哲学中早已有之,而且曾经权倾天下。(§54)[1]

这里涉及近代以来哲学和宗教最核心的关切,即主体性问题,这也是尼采哲学的精髓所在。作为主语、主体的"我"或"灵魂",是需要被穿越和扬弃的,穿越扬弃到哪里?穿越扬弃到谓语中去,到作为活动、生成的"思"中去。谓语对主语的反抗,是要消解一种外在的因果性,即主语、主体之"我"作为谓语之"思"的起因这一因果逻辑,尽管这一因果常常被认为是"主语""主体""我"的自因。"我"只是一种由思来实现的综合,或者说"思"是比"自我"更本源的东西,如前文所论,这是典型的黑格尔《逻辑学》的思路,而非康德的思路。康德其实意在证明,从主体出发是无法证明主体的,从康德之后哲学界对康德统觉的反思和批评看,康德,或者说纯粹理性批判中的康德,还没有明确显现这种意图,这一意图的明确,有待《判断力批判》。在《纯粹理性批判》中,"我思"是作为一个概念一体出现的,还没有明确分化为主谓关系,这个概念意味着主体自我

---

[1] 尼采:《善恶的彼岸》,魏育青等译,华东师范大学出版社,2016,第78~79页。

意识最高、最终的先验统一性，即作为源始综合统一性的纯粹统觉（B132）。"统觉的综合统一就是人们必须把一切知性应用，甚至把全部逻辑以及按照逻辑把先验哲学附着于其上的最高的点，这种能力也就是知性本身"（B134），"知性本身无非是先天地进行联结并把被给予的表象的杂多置于统觉的同一性之下的能力，这一原理乃是全部人类知识中的至上原理"（B135）。

尽管康德认为"统觉是先天地先行于**我的**一切确定的思维的"（B134），但"我思"作为"知性本身"之纯粹统觉，乃是纯粹先天的自我意识，是一切经验思维和主观意识得以为"一"的先验条件和根据，也是主体之为主体的先验条件和根据。可见，在康德这里，仅仅从知识的角度看，从主体出发是无法证明主体的，这一判断并不准确。不过，从存在论的角度看，康德的"我思"自身蕴含着自我突破亦即"吾丧我"的可能性，因为统觉有"纯粹的统觉"，也有"经验性的统觉"（B132），有"纯粹先天自我意识"（B144），也有主观的经验性意识（B139），换言之，知性及其至上原理，尽管归属于"我思"，但知性作为主体的先验性能力，意味着比"我"更具普遍必然性的东西，意味着穿越经验主体之"我"的先验可能性，这种可能性指向的是"我"的"超感性基底"，也就是"知性本身"所蕴含的"思"或"思本身"。黑格尔明确此"思"，使其超越"自我"，成为一切科学和哲学的纯粹开端与根基。尼采接续此"思"，尝试消解"单个主体"或"主语"，无主语、无主体、无个体地

"思",让"思"自己"思","思"思"思";并更进一步,让谓语即是主语、主体、主人,让"思"成为"活动",成为"活动本身",成为"自己活动"。谓语由此成为"自在"本身,乃至全部"自""在"本身,成为一切"在"及其本身;也就是说,思成为"自在"的自身涌现、自身活动,成为创造本身。由此,谓词自身成为主词,成为创造本身,"语法"被颠覆,被颠覆为"天下之法",为"宇宙大法",此法已经"吾丧我",已经脱胎换骨,冲破语言、逻辑和知识论的视域,进入存在论和创造论的地平线。在此,需要的不是表象和认知,不是列维纳斯所批判的表象认知之思,而是思本身,而是体验;不是理论的探索,而是生命的投入。个体穿越自我立于"思"中,一如由"母"回返于"始",由"有"回返于"无",由"物"而"游心于物之初"。"正午;阴影最短的时刻;最长的错误的结束;人类的顶点;**查拉图斯特拉的开始。**"这是生命和宇宙新的开端,扎拉图斯特拉的开始。

三

那么,穿越、溶化、解构了"我","我"归于"思",如何归?"吾丧我"后,"吾"如何被支撑,以"证明自己""保护自己"?"自己"如何与"自在"接流成溪?或者说,"我自己"如何"自在"?个体的意义何在?

以"证明自己""保护自己"为己任的尼采,把焦点放在了对主语、主体、个体、我的颠覆和解构上,他要在庄子的"无己"中证明"自己"。这是他的"重估一切价值"这一哲学主楼的最后归宿和启示。

至此,有必要回到那个关乎人类命运的精神谱系,个体与"自在"、我与"自然"的关系或命运,维系于此,维系于歌德最后的伟大洞见。

> 恰恰是尼采扩充了这一洞见,正如歌德曾经做过的那样,从**康德**的《判断力批判》中得出重大结论(按:即天才不是作为个人,而是作为自然向我们言说,自然自我澄明)。眼前的这本尼采的"遗作",在许多问题上继承了我们的古典作家最后的伟大思想。但是,尼采并不像盲目的模仿者那样阐释美丽的过去,不,他创造性地改变和发展了珍贵的遗产。他可怕地体验到,古老的人性和兽性,一切有感知的存在的全部原始时期及历史,在他身上继续生存,他有可能立即脱离模糊的回忆,讲述已逝去的状况。尼采的这种情况,可以用晚年歌德的谜语般的话语来证实,这些话还从来没有在这个意义上被理解。歌德在跟**法尔克**(Falk)的谈话中说,人类的天才发现宇宙产生的法则,不是通过干巴巴的努力,即科学的研究,而是通过投入黑暗中的**回忆**的闪电,因为,他在写下这些回忆时自己在场,这样,他的话往往看上去像是预言,实际上只是对已经逝去状况的模糊回忆,因为只是一些记忆而已。只有那些能够打开我们的"个

体原则"的坚硬外壳,发现我们过去的存在和未来演化的一切"内在可能性"的人,才可能得到这种永不枯竭的、具有生殖力的生命意志的形态学和发展学说。正如康德说的,一门科学从来不会按因果关系机械地揭示一根草径的内在可能性,但是,我们自身也具有这根草径的内在可能性,因为我们属于这个世界,属于大自然,我们能够通过体验把握它们。这是形而上学吗?完全不是,至少在旧的意义上不是;它毋宁是自然哲学的一种新的类型,一种新的世界智慧,康德通过他的批判著作有意识地为它做了准备。①

对自然和生命的有机、内在可能性的探讨,是康德目的论判断力批判的洞见。由此而来的精神—生命谱系,揭示的是,个体与其自然母体之间,个体与一切个体之间,处于永不枯竭的、有机的、全息的、自然的生命之"内在可能性"中。个体在这种生生不息的"自然""自在"之"内在可能性"中获得"自己"的生命,自己的"自然",自己的"本性",自己的"存在",成为"自己";同时,个体"自己"的"存在",就是个体"自己"的"自在",个体"自己"永远是"自在",而不是"他在",他永远是"自在",在个体与"自在"之间,永远没有时空的距离,我,你,他,它,皆在"自在"中"在",皆"自—在"。这与郭象"上

---

① 维茨巴赫:《尼采的哲学"主楼"》,载尼采《重估一切价值》,维茨巴赫编,林笳译,华东师范大学出版社,2013,第23~24页。

知造物无物,下知有物之自造"的自然独化并不是一回事。个体自己永远"逍遥""游"于"自然""自在"的无尽汪洋之中,相忘于江湖,不可须臾离也。

> 个体是一条直线上全部迄今为止的生命,而非它的结果。(4. §623)[1]

这条将全部生命连接、维系于一个个体的那条直线,其实并不直,之所以称其为直,仅仅是个隐喻,是个寓言,喻示的是形而上学的"一"。这个一,不是一元,不是同一,不是统一,而是我们过去的存在和未来演化的一切"内在可能性",只有过去、现在、未来一切之生生不息的"内在可能性"本身,才称得上一,这一,正是庄子"天地与我并生,而万物与我为一"的一。唯无己而逍遥于大化者,才识得此一,才游得此一,才于此一之江湖汪洋中"分享""一"之为"己"、"己"之为"一"。"一切创造都是分享。认知者、创造者、爱者是一致的"(4. §601)。[2] 在此,个体的命运与"自然""自在"之无尽江湖汪洋的命运成为同一个命运,造物者和造物合一于自身。

> "人的所有伟大和最伟大的江河究竟流向何处?难道没有为它们而存在的海洋?"——你成为这种海洋:

---

[1] 尼采:《重估一切价值》,维茨巴赫编,林笳译,华东师范大学出版社,2013,第1012页。
[2] 尼采:《重估一切价值》,维茨巴赫编,林笳译,华东师范大学出版社,2013,第1008页。

那么，这种海洋就存在了。(4. §621)①

问题是，个体自身如何成为海洋？这显然不是表象认知的理论问题，而是生命的体验和投身问题，并根本上取决于个体的肯定性生命态度和力量，一种哲学与思的态度和力量：

> **哲学是对智慧的爱**，上升为智者，即最幸福、最强大者，这种人为**一切生成**辩护并总要这么做，——不是热爱人、神或者真理，而是**热爱一种状态，一种精神的和感性的完美感**：一种出自抑制不住的塑造力情感的肯定与赞同。一种伟大的称赞。(4. §620)②

这是一种不可遏制的生命情感状态，唯有这种状态才能契合、会通那种本源的"内在可能性"，这种为一切生成辩护的肯定性状态，在于其作为给予者和创造者的本性，这是一直被归于造物主的本性状态，他是赐福者，而非祷告者，"仿佛"他"就是"这一切的创造者，并且是不断的创造者，永恒"再来一次"的创造者：

> 我们自己必须像上帝那样公正、仁慈、阳光般地对待一切事物，并且如同我们创造它们那样不断重新创造

---

① 尼采：《重估一切价值》，维茨巴赫编，林笛译，华东师范大学出版社，2013，第1012页。
② 尼采：《重估一切价值》，维茨巴赫编，林笛译，华东师范大学出版社，2013，第1011~1012页。

它们。(4. §627)[1]

必须有这样的人，他们将一切行动神圣化，不只是吃和喝：——而且，这个世界不应只是在对它的记忆中或者在与它合为一体的过程中，**而是应当一再重新并用新的方式**使它焕发光辉。(4. §584)[2]

尼采多次论及自己对吠檀多哲学的认同（4. §633），在两种哲学中确实有很多近似之处。不过，认识到两者的差别应该更重要。如果吠檀多哲学的梵我一如是在某种回忆或合为一体中达致解脱，尼采哲学则另有气象、更上层楼：扎拉图斯特拉或狄俄尼索斯追求的，不是解脱，而是直面、肯定和创造。这里涉及个体与"自然"、"我"与"内在可能性"之间最隐秘、最本质的关系，这种关系在于如何看待痛苦、苦难乃至丑陋。正是在对待苦难的态度上，尼采将吠檀多哲学以及叔本华的悲观主义远远抛在身后。

苦难、痛苦是尼采最为"丰厚"的"天赐""财富"，是他无与伦比的独特"资源"，从某种意义上说，正是苦难和痛苦，造就了尼采与众不同、无与伦比的哲学。能洞察并深入尼采"苦难"哲学的，是舍斯托夫。

别尔嘉耶夫把舍斯托夫视为"一个以其自己的全部存在

---

[1] 尼采：《重估一切价值》，维茨巴赫编，林笳译，华东师范大学出版社，2013，第1013页。
[2] 尼采：《重估一切价值》，维茨巴赫编，林笳译，华东师范大学出版社，2013，第1003页。

进行哲学思考的哲学家,对这样的哲学家来说,哲学不是学院派的一个专业,而是生死之事"①。也就是说,舍斯托夫像尼采一样,是以"体验"和"投入"的方式去运思,是用自己的生命切入哲学,也正是因为这个原因,使得他格外重视尼采的哲学,且能够真正神会尼采哲学的悲剧精神。为此,他特别强调,应该从哲学家的生平入手考察其思想,这样才能明白哲学家的信念是如何从其生命中"诞生的"。"从30岁到44岁,不治之症的严重而恶劣的发作使尼采痛苦不堪。从44岁到死,处于半失常状态"②,这就是尼采的一生。尼采的苦难可以媲美约伯。

> 除了现在讨厌的肉体的痛苦,除了对过去的可耻的被侮辱的回忆和对未来的疯狂的恐惧,没有任何东西。他不可能有任何希望,因为是一个精神崩溃的病人……病情却十分严重,以至于他不得不放弃平时整天在上的教授的课程,昼夜二十四小时地闲着,独自思考和回忆着。甚至夜晚他也不能休息和安宁,因为失眠、沉重的精神病常常使他忍受着痛苦的折磨。就是这样的人成了一个作家,他让自己用自己的话来对人们说。自然就出现了一个问题:这样的人是否有权利来写作呢?③

---

① 舍斯托夫:《陀思妥耶夫斯基与尼采》,载《舍斯托夫文集》第3卷,张杰译,商务印书馆,2019,vii。
② 舍斯托夫:《陀思妥耶夫斯基与尼采》,载《舍斯托夫文集》第3卷,张杰译,商务印书馆,2019,第193页。
③ 舍斯托夫:《陀思妥耶夫斯基与尼采》,载《舍斯托夫文集》第3卷,张杰译,商务印书馆,2019,第134页。

舍斯托夫从尼采的苦难中为"权利"一词找到最为坚硬的支撑：权利，乃是痛苦与苦难的权利，苦难越大，权利越大。尼采和约伯一样，凭借其无与伦比的人生痛苦和苦难，为自己赢得了至高无上的权利，这苦难的权利，不可让渡（无人愿意接手），不可剥夺（人人避之唯恐不及），不可消除（可以消除的苦难不是真正的苦难）。由此，舍斯托夫创造性地揭示出深刻而尖锐的权利冲突：面对尼采的苦难命运，人类那些高尚的东西统统被证伪。"最高的、超形而上学的学说在这种情况下，同平常的、普通的、从来也不看书的人的观点没有丝毫差别。叔本华、康德、斯宾诺莎、唯物主义者们、实证主义者们盯着尼采及其命运，不能对他做任何说明……"[①] 这个世界上，没有什么能为他的痛苦辩护。尼采一个人的权利，于是和整个世界毫不妥协地对立起来。

只是一个威严的声音在他的头上日夜回响着，发出咒语：

枯干的骸骨啊，要听耶和华的话……

尼采那时就明白了，他从人们那里等待不到更多的东西了。他在生活中第一次感到，什么是完全的孤独。整个世界在反对他，因此，他也反对整个世界。妥协、

---

① 舍斯托夫：《陀思妥耶夫斯基与尼采》，载《舍斯托夫文集》第3卷，张杰译，商务印书馆，2019，第156页。

让步、赞同——是不可能的。因为二者必取其一：要不尼采正确，要不他的悲剧真的是那么沉重，那么骇人听闻，以至于所有的人都应该忘记自己平时的喜怒哀乐、日常的事务和兴趣，同他一起为无辜被扼杀的年轻生命披上永恒的丧服，要不他本人应该摆脱自己，并且不加伪装而全身心地去完成以永恒智慧名义给他提出的那些要求。然而，如果不能强迫全人类去分担一位德国教授的痛苦，那么，反之，在这种情况下，任何企图和威胁要让这位德国教授自愿放弃自己生活的权利也是不可能的。整个世界和一个人之间彼此的冲突就这样出现了，这是两股势力悬殊的力量；尤其是，在"世界"的一方，有过去的一切悲剧，整个人类世世代代的智慧。尼采本人的良心，最后——还有显而易见的事实本身，而在尼采的一方，除了只有绝望以外，他这一方还有什么东西呢？……①

绝望的尼采，并没有妥协，为了捍卫自己苦难的权利，他要追责！自负其责，还是推卸责任，还是诉诸宿命，发出《大宗师》子桑"命也夫"之叹？

  一些人无论代价如何都不愿放弃他们的"责任"，不愿放弃对**自我**的信仰，不愿放弃个人对**自身**功绩的权

---

① 舍斯托夫：《陀思妥耶夫斯基与尼采》，载《舍斯托夫文集》第 3 卷，张杰译，商务印书馆，2019，第 154~155 页。

利(那些虚荣的种族就是这样);另一些人则正相反,不愿为任何事负责,不愿将任何事归咎于自己……确实,意志薄弱者的宿命论是在令人吃惊地粉饰自己,将自己打扮成一种"人类苦难的宗教":这是**它的**"好趣味(dem guten Geschmack)"(§21)①

尼采的苦难当然不是出于尼采自负其责的自由意志,也不能归咎于他者与宿命。《善恶的彼岸》§21,通过解构"自由意志"的自因,以及"非自由意志"的他因,以及与其相关的各种道德,意在寻求"自在""自然"自身的因果性以及基于这种"自在"因果性的新的生命道德和信仰。

在尼采看来,我们这个充斥着欲望和激情的世界,其实在性在于其冲动生命(Triebleben)或意志,这正是含摄演化万有的"内在可能性"世界。尼采因果性批判的真正目的,是要将基于主体和基于他者的"外在""表象"因果性统统消解于冲动意志自身的因果性。

> 最后的问题是,我们是否真的承认意志的作用,是否相信意志的因果关系,如果我们相信了——其实相信**这一点**,就是相信因果关系本身——,我们就**必须去**尝试将意志的因果关系假设为唯一的因果关系。"意志"当然只能作用于"意志"——而不能作用于"物质"

---

① 尼采:《善恶的彼岸》,魏育青等译,华东师范大学出版社,2016,第34页,译文略有改动。

（比如不能作用于"神经"——）：简言之，**必须**敢于假设，是否凡是承认"作用"的地方，意志都能对意志起作用，是否每个机械动作，只要有某个力在起作用，就是意志力、意志作用。——最后，假设我们能将自己全部冲动生命解释为**某种**意志——即**我**说的权力意志——的基本形式的向外扩张和分叉衍生；假设能将一切有机体功能都回溯归因于这种权力意志，并在这种权力意志中找到解决生育和营养问题——这是**一个问题**——的答案，那人们便有理由将**一切**起作用的力明确地界定为**权力意志**。从内部来观察世界，从其"智性特征"（intelligiblen Charakter）来定义和指称这个世界——它就是"权力意志"，而非其他。——（§36）[①]

Intelligiblen 这个词在康德《纯粹理性批判》中用来指称物自身，即不是感性直观的对象，而只能理智理解（B566）。尼采把康德那里不能显象和直观的物自身，变成了"自在"自身的权力意志、生命意志、创造意志，它自己作用于自己，而不是作用于物质、质料，这种意志的"自因"，是因果性本身，是唯一的因果性，是一切经验因果性的先验根据，也是生命大化的根据和生生不息本身。权力意志的自因，是权力意志的自由，这是"创造"或"创世"的本义和奥秘所

[①] 尼采：《善恶的彼岸》，魏育青等译，华东师范大学出版社，2016，第 57~58 页。

在。正是由于这个原因,"上帝已被驳倒"(§37)①。上帝如果想不被驳倒的话,他唯一能做的,就是证明自己就是权力意志本身。

那么,谁来为尼采的苦难和痛苦负责呢?只能是权力意志,或者是作为权力意志的上帝。不过,上帝必须死,因为他作为尼采苦难的见证人,必须死。

《扎拉图斯特拉如是说》中那位"最丑陋的人",作为人间痛苦、苦难、不幸、失败、耻辱、绝望、丑陋的化身,道出了上帝必死的理由:

> 可是他——**必定**死去:他用察看**一切**的眼睛看着——看着人类的深渊和根基,所有隐藏的耻辱和丑陋。
>
> 他的同情不知羞耻:他潜入我那最肮脏的角落。这个最好奇的、过于强求、过于同情的人必定死去。
>
> 他总是看着我,我要对这个见证人进行报复——要不,我自己不再活着。
>
> 上帝看着一切,也看着人类:这个上帝必定死去!这样一个见证人活着,人类岂能**忍受**。②

上帝不仅是人类苦难、丑陋的见证人,而且是作为造物主的见证人,他有能力看着一切,除了看和同情,他无能为

---

① 尼采:《善恶的彼岸》,魏育青等译,华东师范大学出版社,2016,第58页。
② 尼采:《扎拉图斯特拉如是说》,黄明嘉、娄林译,华东师范大学出版社,2009,第432页。

力、无所作为，不负其责，负不了责，所以必死。是尼采的苦难将被驳倒的上帝最后杀死的，是见证和同情把他杀死的。尼采对同情和羞耻的根本区分，意义重大。同情、怜悯不应该是上帝的标识，不应该是道德和宗教的根基，不应该以其为爱的内涵，能够作为上帝标识、道德宗教根基、爱的本质的应该是羞耻感。能够羞愧"脸红"的扎拉图斯特拉因此超越并击倒了同情而不知羞耻的上帝。同情意味着逃避、回避苦难，意味着不负责任，意味着伪善和软弱无能；而羞耻则恰恰相反，能"因为伟大受苦者的羞愧而羞愧"，意味着敢于直面苦难，敢于分担苦难，意味着"对于大不幸、大丑陋和大失败"充满尊重和敬畏，这种敬畏高于一切其他的敬畏，是人性虔敬、善良和爱的真正根基。对人类苦难的羞耻感和敬畏，意味着强力意志的灵魂，这应该是创造者的标配："所有的创造者无不坚强，一切伟大之爱高于他们的同情"①。人类和上帝，都应该归于这种强力意志的坚强生命状态，那是"自在"的"自然"状态，也是人类之为人类、上帝之为上帝的唯一根据，那是善良与爱的唯一根据，也是"超越"一词的根据。超越者乃是对自己及人类同情心的蔑视者，是真正的爱者，一如扎拉图斯特拉所思：

"人类是多么可怜啊！"他对自己的内心思忖道，"多么丑陋，如何气喘吁吁，充满多少隐秘的耻辱啊！

---

① 尼采：《扎拉图斯特拉如是说》，黄明嘉、娄林译，华东师范大学出版社，2009，第431页。

> 有人对我说，人类爱自己：唉，这自爱得要多大才行呀！它有多少反对自身的轻视呀！
>
> 连这里的这个人（按：指最丑陋的人）也爱自己，一如蔑视自己——我以为，他是一位伟大的爱者，亦是一位伟大的蔑视者。
>
> 我尚未发现一个比他更深切蔑视自己的人：这也是种高度啊。唉，我听见其呼喊的那个更高的人，也许就是他吧？
>
> 我爱那些伟大的蔑视者。但人是某种必须被超越的东西。"[1]

自爱是人类最隐秘的动力，最丑陋的人有最强力的自爱，他将在爱中超越，超越自己。人是某种必须被自己超越的东西。

是苦难，是自己的生命痛苦，使尼采之思导向终极奥秘。苦难之思，成为连接个体与自然的唯一河道，宗教与哲学的终极奥秘蕴含其中。对苦难的关切，在庄子那里并不缺乏。庄子是宋国人，宋国是战国时代有名的"四战之地"。宋国作为被周朝征服的殷商遗民，夹在周室宗亲和功臣外戚的齐鲁晋郑之间，"亡国的命运，已是够悲惨的了，再加上曾是多次战乱的中心，因此更加重了他们所受的饥饿、蹂躏与凌辱"[2]。《庄子·在宥》有言："今世殊死者相枕也，桁杨者

---

[1] 尼采：《扎拉图斯特拉如是说》，黄明嘉、娄林译，华东师范大学出版社，2009，第433页。
[2] 韦政通：《先秦七大哲学家》，江苏教育出版社，2006，第80页。

相推也，刑戮者相望也。"可以想见，那是一个多么悲摧的时代，能活着并不容易。庄子虽曾为漆园吏，但一生贫苦。"庄子衣大布而补之，正緳系履而过魏王。魏王曰：'何先生之惫邪？'庄子曰：'贫也，非惫也。士有道德不能行，惫也；衣弊履穿，贫也，非惫也'"（《庄子·山木》）。庄子贫穷到了揭不开锅的时候，曾贷粟于监河侯，结果还遭到监河侯的戏弄（《庄子·外物》）。可见，在生命的苦难经历与苦难意识层面上，庄子与尼采称得上难兄难弟。

我们已经在前文庄子情感哲学部分重点论及，《齐物论》之"一受其成形，不亡以待尽。……不亦悲乎！……可不哀邪？……可不谓大哀乎！"称得上关于人生的"悲哀存在论"。另外，在《庄子》中，那些得道高人，常常是丑陋不堪的畸形之人或受过刑戮之人，庄子关于他们的寓言，其得道超人的光鲜一面人人可见，而其中无比深邃的苦难寓意却容易被忽略。在个体命运与自然命运之间，必须苦难这个环节，才能两相契证、接流，而在这个环节之中，还有一个更为内在的环节，必须澄明，这个环节就是如何转化、升华苦难以至于"自然"之"道"。

四

权力意志是世界的终极奥秘，也是个体契入、接流、回归这一终极自然的唯一的"道"，这意味着，个体需要自我超越，将自身上升为权力意志。自己和人类的苦难，已经将人引向正道，如果人能够有效地转化苦难、自我超越，显示出自己肯定一切的权力意志，那么人就已经上道。那么，如何转化和自我超越？

答案是：只有通过哲学，通过纯粹自由之思，才能把生命无尽的痛苦、苦难、丑陋承担起来，并在这种承担中让自身那肯定一切的精神和力量澄显出来，并在这种强力的生命精神和意志中，回归作为创造本身之权力意志的、生生不息的自然。

> **哲学是对智慧的爱**，上升为智者，即最幸福、最强大者，这种人为**一切生成**辩护并总要这么做，——不是热爱人、神或者真理，而是**热爱一种状态，一种精神的和感性的完美感**：一种出自抑制不住的塑造力情感的肯定与赞同。一种伟大的称赞。(4. §620)①

这种哲学就是自由的哲学：

> 人们在我们感到最自由的哲学中寻找世界图像：也就是说，在这种哲学中，我们最强大的欲望感到可以自由行动。在我这里也将是如此！(4. §611)②

"图像"一词，最直接的相应物，就是镜子。最自由的

---

① 尼采：《重估一切价值》，维茨巴赫编，林笳译，华东师范大学出版社，2013，第1011~1012页。
② 尼采：《重估一切价值》，维茨巴赫编，林笳译，华东师范大学出版社，2013，第1010页。译文略有修改。

哲学，尼采的哲学，狄俄尼索斯的哲学，似乎成了映照世界图像的镜子。在庄子那里，镜子是一个至关重要的象征。

> 无为名尸，无为谋府，无为事任，无为知主。体尽无穷，而游无朕。尽其所受乎天而无见得，亦虚而已。至人之用心若镜，不将不迎，应而不藏，故能胜物而不伤。(《庄子·应帝王》)

用心若镜，不将不迎，应而不藏，一般而言，这应该是庄子对物我关系理解的生动写照。而在《善恶的彼岸》第207节，尼采对"镜子"思维予以深刻揭批。由"镜子"而来的哲学思考，可以视为尼采与庄子的深度对话，堪称中西哲学会通最精彩的篇章。

尼采将"客观之人"比做镜子，将其与"哲人"根本区别开来。客观之人，类似列维纳斯所言的表象性思维方式，体现的是某种科学性客观中性精神，企图通过无我，即精神的去主体化和去个性化，客观准确地映现、表象、认知世界，追求"无动于衷的认识"，而不是投身于世界的创造活动本身。客观之人虽然重要，但是，

> 他只是一把工具，不妨说，是一面**镜子**，——他不是"目的本身"。事实上，客观的人就是一面镜子，主要是习惯了对想要认识的事物俯首称臣，除了认识即"反映"之外再无别的乐趣，——他守株待兔，然后如此小心地靠近，以至于任何飞鸿泥爪和蜻蜓点水都会在

他的镜面和体表上留下痕迹。他身上所剩无几的"个人"元素在他看来是偶然的,通常是随意的,更多的情况下是令人不安的;他已经完全沦为外来人物和事件的通道和反光。他费力地回想"自己",却总是错误的;他易于将自己和别人混淆起来,……他的习惯是,对万事万物笑脸相迎;他如此好客,灿烂洒脱地接受所有来者;……要从他那儿得到爱和恨,我指的是上帝、女人和畜牲所理解的爱与恨——:他会竭尽所能,倾其所有。但如果爱不深、恨有限的话也不应该感到奇怪,——他正是在这时显出自己虚假、脆弱、可疑和腐朽的一面。他的爱是做作的,恨也是假装的,更多地是在耍一把"壮举",有点儿卖弄和夸张。他只有在可以客观的时候才是真实的:只有在他欢快的整体性追求中他才展示"本性",才是"自然"的。他那反映客观的、永远心如止水的灵魂不再懂得肯定和否定;他不发号施令,也不摧毁什么。"我几乎不轻视任何东西"——他的话和莱布尼茨如出一辙。可不要忽视和小看这里的"几乎"二字!他也不是人中楷模:他不领先于人也不落人之后;他远远地站在一边,没必要在善恶之间表明立场。人们一直把他与哲人混为一谈,把他当作凯撒式的文化培育者和文化强人,这可正是太抬举他了,忽略了他身上最本质的一点,——他是一把工具,一介奴仆,尽管确是最高雅的奴仆;他本身什么都不是——几乎一无所是!客观的人是一种工具,是一种价格不菲、易碎易污的测量仪和艺术镜,理应保护和尊敬;但他不是目的,不是出口和通往出口的阶梯,不是一个与**其余**存在形成互补、其余存在能以此自我辩护的人,不是终点,更不是开端、创造和首因;他不像想当主子者那样粗鲁、强势、以自我为中心,相反,他只是一只柔软、空心、精致的活动模具,必须等来实质性内容才能用于"塑造",——通常是一个没有实质性内容的人,一个"无我"的人。当然对女人也没有吸引力,顺带说一句——(§207)①

Pütz版为"客观的人"加了一个注:"站在史学之镜面前,'客观的人'试图理解一切,将一切简约为客观性和相对性的整齐划一"②,这很像对《齐物论》思想做"齐之不齐"理解的那种思路,看似客观公正映现万物,实则削足适履,是对自然简单粗暴的强迫和扭曲,是一种对象化思维方式和存在方式,干瘪冰冷如镜面,只能映现万物,不能回应、呼应、呼吸万物。真正的哲人截然不同,他与其余存在(Dasein)形成生存论上的互补,并为其余存在提供生命意志与情感的辩护和确证。哲人是鲜活充沛之人,敢爱敢恨,能爱能恨,对女人充满无穷的吸引力,因为他是开端、创造和第一因,是作为生生不息的激情和欲望之实在的权力意志的的自觉和最高形式的精神化体现。"他是将权力意志理解为

---

① 尼采:《善恶的彼岸》,魏育青等译,华东师范大学出版社,2016,第154~156页。
② 尼采:《善恶的彼岸》,魏育青等译,华东师范大学出版社,2016,第156页。

根本现象并在此基础上有意识地创造价值的第一人。他的行动构成了最具精神化的权力意志的最高形式，因而也是权力意志的最高形式。通过这一行动，他终结了荒诞和偶然的统治。作为人的权力意志的最高行动，人的自然化同时也是非人的拟人化的最高形式，因为最为精神化的权力意志在于对自然应该是什么和如何是做出规定。"[1]

这是最自由的哲学，亦即思入权力意志、思入自然本身、权力意志之思、自然本身之思的哲学，这种哲学作为自然创造力的精神化和觉悟，"为一切生成辩护并总要这么做"，世界"只在"其自由之思中"存在"和"现象"。这"自然"既不是"神性的"自然，也不是"人性的"自然，而是"高贵的"自然，是纯粹的自然，仅仅在哲学的自由之思中才得以澄显的自然。

这是基于"有我"的个体的自然，就像前文所展示的，尼采坚持人须证明自己、保护自己，为了自己的苦难的权利甚至不惜与整个世界对抗。正是在这种对自己的绝对坚守中，哲学成为可能，在这种哲学中，我们最强大的欲望感到可以自由行动。在"自己"的哲学中，"自己"实现自我转化与上升，上升为自然："我也谈论'回归自然'，尽管它实际上不是一种后退，而是一种上升——上升到崇高、自由甚至可

---

[1] 列奥·施特劳斯：《柏拉图式政治哲学研究》，张缨等译，华夏出版社，2012，第253页。

怕的自然和天性中去"①。

我的哲学，我的自由纯粹之思，是我的生命权力的自觉与表达，并因而成为权力意志的最高自觉与表达，同时也是一切生成和存在的辩护和证成。

就此而言，庄子的"至人之用心若镜"，在尼采这里，对应的是"客观的人"的作为工具和奴仆的镜子，还是哲人的心？正如前文"反观"所论，深知庄子的邵雍，道出了至人之心的内蕴：

> 夫所以谓之观物者，非以目观之也。非观之以目而观之以心也，非观之以心而观之以理也。……夫鉴之所以能为明者，谓其能不隐万物之形也。虽然，鉴之能不隐万物之形，未若水之能一万物之形也。虽然，水之能一万物之形，又未若圣人之能一万物之情也。圣人之所以能一万物之情者，谓其圣人之能反观也。所以谓之反观者，不以我观物也。不以我观物者，以物观物之谓也。既能以物观物，又安有我于其间哉！（邵雍《观物内篇》第十二篇）②

一如庄子强调无己，邵雍也旨在无我，而无我的目的，在于去感觉心知之偏私，归于天理，此乃圣人之思。镜子只能外在地照出万物之形，水则能切身地一一给出万物之形，

---

① 尼采：《偶像的黄昏》，李超杰译，《尼采著作全集》第六卷，商务印书馆，2015，第 188~189 页。
② （宋）邵雍：《邵雍集》，郭彧整理，中华书局，2010，第 49 页。

而圣人则不然，他要一一给出的是万物之情实和存在，与圣人之心思相应的，不是庄子的镜子，而是庄子用镜子所隐喻的"亦虚而已"的"至人之用心"。此心无己而虚，虚而与万物息息相通、息息相生，息息者天地一气也，自然大化也，唯道集虚也。至人之"虚"心，圣人"虚""无"之思，不是虚弱，不是虚幻，正是天行之健、之强，是道之所在、万物之所生。可见，庄子至人之虚心"无己"，与尼采之哲人"自己"，名异实同，都是指示个体自我转化上升入于自然之道的可能性。尼采有己而强力意志，庄子无己而虚而逍遥自然，其实一也，本质上都是要体现和参与宇宙天地之强健意志与创造精神：

> 是什么东西赋予事物意义、价值和重要性？是创造的心，它充满渴望并出于渴望进行创造。它造成快乐与**痛苦**。它要用痛苦**满足**自己。我们必须将人与动物忍受过的**一切**痛苦承受下来，予以肯定，**并且有一个保存着理性的目标**。（4.§577）[1]

能够承受、肯定、创造的至人和哲人，具有最高精神性的力量，"感觉到自己能够应付任何偶然事件"，无论生死祸福，"其中也包括偶然飘落的雪花"（4.§643）[2]。这样的人，

---

[1] 尼采：《重估一切价值》，维茨巴赫编，林笳译，华东师范大学出版社，2013，第1001页。
[2] 尼采：《重估一切价值》，维茨巴赫编，林笳译，华东师范大学出版社，2013，第1016页。

乃是作为人类和宇宙的人,是自然的人:

人一旦完全成为人类,他将推动整个自然。(4. §649)[1]

这是尼采遗稿《重估一切价值》的最后一条格言,道出的是尼采哲学的精神,也是庄子哲学的精神。

那么,尼采的哲人,与庄子的至人,是否是一种人的神化?

如果我们把尼采的哲人和庄子的至人,都用"思"来表达的话,就不会有神化的感觉。哲人之思,至人之虚,指示的仅仅是纯粹自由之思,这种思,乃是人最基本也是最神圣的精神能力,是道之所道、言之所言,是宇宙生命的创造本身。思,作为道之所集的强力意志的最高形式,作为创造本身,是自然得以自身澄显的唯一地平线,是人类文明的基石,应该是一切道德、信仰、权力的基石。能纯粹自由之思者,能改变和成就自己的命运与世界的命运;不能纯粹自由之思者,无论自己的命运还是宇宙的命运都会万古如长夜。

五

请循其本。至此,需要回到本篇开头所揭示的对立与争

---

[1] 尼采:《重估一切价值》,维茨巴赫编,林笳译,华东师范大学出版社,2013,第1017页。

执,尼采的回归和投身大地,与庄子的翅高气扬、高飞远走、无穷逍遥之间的对立与争执。这种对立与争执是真的吗?"逍遥"这一概念到底何谓?

《庄子》以《逍遥游》开篇,"逍遥游"三个字可谓道尽《庄子》全书的精气神。耐人寻味的是,"逍遥"二字,全篇仅一见,而且是在篇末:

> 惠子谓庄子曰:"吾有大树,人谓之樗。其大本拥肿而不中绳墨,其小枝卷曲而不中规矩,立之涂,匠者不顾。今子之言,大而无用,众所同去也。"庄子曰:"子独不见狸狌乎?卑身而伏,以候敖者。东西跳梁,不避高下,中于机辟,死于罔罟。今夫斄牛,其大若垂天之云,此能为大矣,而不能执鼠。今子有大树,患其无用,何不树之于无何有之乡、广莫之野,彷徨乎无为其侧,逍遥乎寝卧其下?不夭斤斧,物无害者。无所可用,安所困苦哉!"(《庄子·逍遥游》)

更耐人寻味的是,全篇仅一见的"逍遥"二字,是出现在"逍遥乎寝卧其下"这一表达中!"逍遥"不是与"水击三千里,抟扶摇而上者九万里""绝云气,负青天,然后图南"的大鹏搭配,也不是与"乘天地之正,而御六气之辩,以游无穷者"搭配,而是与"寝卧"组合,而且是作为"寝卧"的修饰语出现,这是几个意思?

这个问题,古今注庄者罕有深察者。而这正是关于"逍遥"最需要深思的问题。

古今之注，大多循郭象而行。"庄子之大意，在乎逍遥游放，无为而自得"，"自然耳，不为也，此逍遥之大意"。意虽不错，却有待深思。逍遥不是儒家的强项，很少有逍遥的儒生，唯其如此，史上能对逍遥与寝卧关系有所觉察者，多是以儒释庄者。比如近人朱文熊，将逍遥游之自得，与《孟子》第二篇不动心章参看，认为："惟能游心于理中，无入而不自得，斯能逍遥于物外，无心而能成化。"他特别提醒，"若但作任天而游无穷解，犹为非是。"①

明末清初的方以智对逍遥与寝卧的关系更为关注。问曰："逍遥乎寝卧其下，抟扶摇而上，是二时耶？始终耶？"答曰："闻之者怪，求之者丧，依然还其寝卧之所，曰曲肱如故，一瓢如故。诚自反乎，乐莫大焉。"可见密之心不在逍遥，在还其寝卧，在自反于颜回的安贫乐道。儒家、儒家、太儒家了，离庄子的无何有之乡有点儿远。他的"逍遥者何物耶？炮曰：悟同未悟，正有事在"②，过于禅机，遭同样喜欢以儒释庄的宣颖当头一盆凉水："逍遥乎寝卧，本无一事也。"③ 庄子有言，"孰肯以物为事"，可证宣颖之言。不过，有事无事，当辨析。庄子不肯以物为事，不等于本无一事，而是在物事之外另有大事。宋人长于理论，有所思辨，对此

---

① 朱文熊：《庄子新义》，李花蕾点校，华东师范大学出版社，2011，第1页。
② （明）方以智：《药地炮庄》修订版，张永义、邢益海校点，华夏出版社，2016，第120、86、87页。
③ （清）宣颖：《南华经解》，曹础基校点，广东人民出版社，2008，第9页。

大事有所察觉。

王雱、吕惠卿皆从深根固本处着眼：

> 夫道无小大，所以为小大之本体；无所用，所以为众用之祖。惟圣人全性命之根本，而体道以为用。故以大椿况之也。椿者，深其根而枝叶生；命者，固其本而万事起。惟能深根固本，而不以小大内外为累，则逍遥矣。①

> 圣人之于道，体之以深根固蒂，则其为树也大矣。……逍遥其侧，寝卧其下，未始须臾离也。②

大椿根深叶茂，扎根于大地，逍遥其侧，寝卧其下，不可须臾离也，其贴近、投身大地的寓意值得重视。"游于物之内，而不游于物之外"，东坡此言，可以视为对扎根大地寓言的洞察。

可以从庄子的"逍遥乎寝卧其下"，澄明三层蕴含：一是大地，一是躺平，一是梦。

大地，是生命和自然的象征，它不将不迎，怀抱人生的一切苦与乐。它拒绝天上、天外，仅仅坚守"天下"，天下就是大地。道在地上，不在天上，"天在内，人在外"，大地拒绝一切人为、虚伪、飘浮的道德，信奉自然自得自适的道

---

① （宋）王雱：《南华真经新传》，载王水照主编《王安石全集》第九册，复旦大学出版社，2017，第203页。
② （宋）吕惠卿：《庄子义集校》，汤君集校，中华书局，2009，第16页。

德。大地不拒绝物，但大地本身是物物，物物者与物无际，自然在其自身、以其自身的方式存在。为此，人之所能，唯有躺平。

庄子是最为卓越的躺平主义者。躺平是一种姿势，更是一种姿态，意味着对世俗价值特别是对权力游戏和政治把戏的看穿、嘲笑、鄙弃和超越。如果说，尼采的大地之神意味着自我投身于埃特纳火山的话，那么庄子的大地之神意味着躺平，即对大地的信仰与献身，这是对自然生命高贵价值无限神往和崇拜的绝妙隐喻。而表达这种神往和崇拜最理想的方式，是躺平之梦。在梦的问题上，尼采与庄子之间再次碰撞出璀璨的光芒，无何有之乡，广莫之野，星光灿烂。

寝卧最本源的寓意是梦。《逍遥游》篇尾的"寝卧"之梦，与《齐物论》篇尾的"庄周梦蝶"相映成趣，寓意深邃。

梦是庄子最喜欢的寓言，它构成了《齐物论》的灵魂。

> 梦饮酒者，旦而哭泣；梦哭泣者，旦而田猎。方其梦也，不知其梦也。梦之中又占其梦焉，觉而后知其梦也。且有大觉而后知此其大梦也，而愚者自以为觉，窃窃然知之。君乎牧乎，固哉！丘也与女皆梦也，予谓女梦，亦梦也。是其言也，其名为吊诡。万世之后而一遇大圣知其解者，是旦暮遇之也。（《庄子·齐物论》）

梦与醒，一如是非，纠缠不清，何以振于无竟、寓诸无竟而大觉？到底谁在做梦？谁在谁的梦里？如何走进和走出无何有之乡、广莫之野的梦境？尼采替庄子给出了路标：

> 世界的主体性不是人神同形的，而是一种人世间的；我们是神的梦中的人物，揣测着神怎么梦想。(2.§14)①

还好，我们都在神的梦里，而不是在魔鬼的梦里。

> 我对整个存在的认识使我觉得新奇，同时也觉可怕和可笑。我发现，古民、古代动物，即有感觉的所有原始时代及历史继续在我的内心做诗，在爱着恨着，在做推论——蓦然，我从梦中惊醒，只剩下一个意识：我正在做梦，必须继续做梦，才不致毁灭，正如夜游人必须继续做梦，才不致跌入深渊一样。(§54)②

尼采把梦视为个体与整个存在、与天地万物、与宇宙命运内在交流的方式，是个体自我证成、证成为宇宙之我的路径。梦的问题，根本上是存在与生成的问题，或者说存在与不存在、生与死的问题，关键在于人何以面对和克服死亡与毁灭的问题。

> 这里不是探究这种令人战栗的体验的全部意义的地方，谁想追溯人类存在的起源，不可不作这种探究；在

---

① 尼采：《重估一切价值》，维茨巴赫编，林笳译，华东师范大学出版社，2013，第300页。
② 尼采：《快乐的科学》，黄明嘉译，华东师范大学出版社，2007，第124~125页。

此,我们只想指出:对于这位天才来说,个人日常意识到的生命是**梦**;只有当他体验到自己是宇宙进化的总体中神的人物的那一刻,他才醒来;但他也知道,必须继续梦想他个人有限的生命,以免走向灭亡。宇宙体验和个人生命之间的这种更迭的张力,死亡与生成,歌德对"陌生感"的由衷渴望——这一切,尼采的认识达到了一种危险境地。[1]

维茨巴赫对尼采梦的思想的重视不无道理,因为这不仅关乎尼采最深邃的思想,而且关乎尼采的命运,投入大地之火山口的思想与命运。

重要的不是床上的梦,而是人生这场大梦,是寝卧于大地之上的大梦,需要寻找这个梦的"主体性",那个"主体性"不是"丘也与女",而是神,是大圣,万世之后而一遇之,也就是遇见了自己,同时也就遇见了他者,遇见了庄周,遇见了蝴蝶,遇见了天地与我并生,遇见了万物与我为一,也就找到了亿万年来一直梦见着我并让我一直梦见着的那位于无何有之乡、广莫之野寝卧的至人,那位亿万年来一直在我身上和我一起不断书写诗句进行创作的伟大诗人。他和我都对自己的作品非常满意,然而,这种满意意味着什么?

> 对自己作品满意的最高形式:——粉碎它,以便将

---

[1] 维茨巴赫:《尼采的哲学"主楼"》,载尼采《重估一切价值》,维茨巴赫编,林笳译,华东师范大学出版社,2013,第20~21页。

它重新拼起来。对死亡、痛苦和毁灭的新的克服。(4. §648)①

这诗意的粉碎与重新拼起来,是梦与醒、生与死的奥义所在。这是寝卧于大地的至人和投身埃特纳火山的狄俄尼索斯与你一起在做的万世大梦,这梦还需要醒吗?

在庄子那里,梦应该和"吾丧我"的理路一起考量。梦意味着对经验性或世俗主体性的摆脱和超越,意味着与尼采的"投身"大地寓意接近的"我"之"丧""忘",意味着与自己、与他者、与自然更为"自然"的关系的可能性。庄子"寝卧"之梦,通达的是至人的"无己"和"虚"。

可以说,大地、躺平、梦,道出了逍遥的精神。逍遥的精神恰恰在"精神"二字。《庄子》开篇《逍遥游》主旨是"逍遥游",而《庄子》结篇《天下》的关键词是"与造物者游",这种呼应大有深意。② 可以说,这两个"游"字道尽庄子寓意。"与造物者游",即"独与天地精神往来而不敖倪于万物",要在"精神"二字;近人刘武以为,《逍遥游》之旨,"在凝神,而神之能凝,在心意之逍遥"③。由此可知,《庄子》开篇、结篇的关键词,都在精神上。而"神凝"的根本在"无己","无己而神凝也"。④ "精神"、"神凝",正

---

① 尼采:《重估一切价值》,维茨巴赫编,林笳译,华东师范大学出版社,2013,第1017页。
② (清)郭庆藩:《庄子集释》,王孝鱼点校,中华书局,2008,第2页。
③ 刘武:《庄子集解内篇补正》,沈啸寰点校,中华书局,2004,第1页。
④ 刘武:《庄子集解内篇补正》,沈啸寰点校,中华书局,2004,第2页。

是"无己"的要义,而"无己"即"虚",《天运》"以游逍遥之虚",将"游""逍遥""虚"贯通一气,正是"逍遥乎寝卧其下"之意,说的都是个"精神",我的精神,天地的精神,至人的精神,此精神应于化而解于物,可为天地根。支道林以为"夫逍遥者,明至人之心也",是也。至人之心,无己而虚,无己者强力,虚者自然入化,无己而虚的至人之心,正是尼采所谓的创造之心:

是什么东西赋予事物意义、价值和重要性?是创造的心,它充满渴望并出于渴望进行创造。(4. §577)[1]

无己之"虚"何谓?梦也,精神也,思也。承荷天地万物通于自然者,是逍遥寝卧之梦,是至人之精神,是庄子之思。能够穿越梦与醒、"丘也与女"的,只有思,纯粹自由之思,本源之思,思本身。思本身是谓词,也是主词,是梦与醒真正的主体性所在。

那么,如何才能自然?思入自然,思而自然,这应该是庄子和尼采关于自然的核心考量。徐梵澄先生关于道的思考,道出的正是这个道理:

道,可道也?非恒道也?名,可名也?非恒名也?[2]

道,何道耶?

---

[1] 尼采:《重估一切价值》,维茨巴赫编,林笳译,华东师范大学出版社,2013,第1001页。
[2] 徐梵澄:《老子臆解》,崇文书局,2018,第2页。

非常道耶?

名，何名耶? 非常名耶?①

是谓非于恒常之道外别立一道；非于恒常之名外别立一名。②

如果道不可道，必被任意道。如果道可道，则何以道? 惟思以道，惟道之以思。思即道。道法自然，与思入自然，是一个意思。

---

① 徐梵澄：《老子臆解》，崇文书局，2018，第4页。
② 徐梵澄：《老子臆解》，崇文书局，2018，第5页。

天下

天下何谓？《尚书·大禹谟》曰："奄有四海，为天下君。"可见，天下不是天上，更不是天外，而是大地上的事，是帝王之事，关乎的是四海之内的政治。庄子的旨趣，不在天下的空间地理含义，而是其古今之辨含义。天下的古今之辨，体现为古之道术与今之方术之别、之争。

《庄子》全书结篇于《天下》，而《天下》所论是百家之学，可以说，庄子将天下之事，归于诸子之学，将天下政治，归于政治哲学，归于哲学，归于思。庄子的天下何谓？求天下的哲学根基，求天下的思之根基，思入天下之根基，思出天下之根基，思为天下之根基，此乃庄子之思的归宿与根本。也就是说，庄子哲学，根本上乃是天下哲学，是政治哲学，是"内圣外王之道"。庄子的这一根本考量，在《庄子》全书中可谓"无乎不在"，尤其澄显于《庄子》结篇之《天下》与开篇《逍遥游》之遥相呼应中，再间之以《在宥》，则足以澄明庄子内圣外王之道。

一

庄子"以天下为沉浊，不可与庄语"，故多以卮言、重言、寓言寄其天下情怀。他虽一生穷困，却拒绝出仕高官的机会，安贫乐道。对天下政治，庄子极尽抨击嘲讽之能事。

宋人有曹商者，为宋王使秦。其往也，得车数乘。王说之，益车百乘。反于宋，见庄子曰："夫处穷闾厄巷，困窘织屦，槁项黄馘者，商之所短也；一悟万乘之主而从车百乘者，商之所长也。"庄子曰："秦王有病召医，破痈溃痤者，得车一乘；舐痔者得车五乘；所治愈下，得车愈多。子岂治其痔邪！何得车之多也？子行矣！"（《庄子·列御寇》）

庄子"舐痔"二字寓意绝妙，为政者的卑污、奴才相、无底线尽显无遗。《秋水》中的两则故事，同样绝妙。

庄子钓于濮水，楚王使大夫二人往先焉，曰："愿以境内累矣。"庄子持竿不顾，曰："吾闻楚有神龟，死已三千岁矣，王巾笥而藏之庙堂之上。此龟者，宁其死为留骨而贵乎？宁其生而曳尾于涂中乎？"二大夫曰："宁生而曳尾涂中。"庄子曰："往矣，吾将曳尾于涂中。"

惠子相梁，庄子往见之。或谓惠子曰："庄子来，欲代子相。"于是惠子恐，搜于国中，三日三夜。庄子往见之，曰："南方有鸟，其名为鹓鶵，子知之乎？夫鹓鶵，发于南海，而飞于北海，非梧桐不止，非练实不食，非醴泉不饮。于是鸱得腐鼠，鹓鶵过之，仰而视之曰：'吓'！今子欲以子之梁国而'吓'我邪？"（《庄子·秋水》）

宁受穷困之苦，也不为舐痔腐鼠之辈，宁曳尾涂中，也不愿摇曳多姿于帝王庙堂之上。庄子的自由高洁之志跃然纸上。庄子应该是看透了中国权力游戏的无耻、卑污、凶恶、残酷与无意义。不过，庄子对政治的鄙弃不等于避世，不等于逃避，而是另有所图。庄子的天下之志，超越于他身处的悲剧与闹剧时代至少6000英尺以上，他避弃的是天下政治的污浊把戏和残生害性价值乱象，而不是政治本身；他志在天下的内圣外王之道，寻求的是天下万世之纯粹、自由、自然根基。蔡元培以"纯粹哲学"界定庄子思想，堪称的当之论，但又谓"庄子者，超绝政治界，而纯然研求哲理之大思想家也"[1]，却不尽然，需要辨析。庄子的超绝性是显然的，但这种超绝所指，是世俗政治，或者说，是华夏传统源远流长亘古轮回永远难以超绝的无耻权力游戏，而不是天下本身。天下需要"纯粹哲学"为其奠基，才能走出传统政治的腐鼠滋味和死亡游戏。

---

[1] 蔡元培：《中国伦理学史》，广西师范大学出版社，2010，第35、30页。

二

在《庄子》书中,"天下"概念的出场,是在极尽对逍遥游和小大之辩的寓言与重言之后,是在澄明至人无己的语境中。由此而来的印象是,无己至人、无功神人、无名圣人是为天下准备的。但这种准备,是基于一种直接的对立:尧让天下于许由,是至人许由与帝王尧的对立;紧接着,是藐姑射之山的神人与尧舜的对立。似乎,"纯粹哲学"与天下政治、逍遥游与人间世被根本对立起来。

"曰'藐姑射之山,有神人居焉,肌肤若冰雪,绰约若处子,不食五谷,吸风饮露;乘云气,御飞龙,而游乎四海之外;其神凝,使物不疵疠而年谷熟。'吾以是狂而不信也。"连叔曰:"然,瞽者无以与乎文章之观,聋者无以与乎钟鼓之声。岂唯形骸有聋盲哉?夫知亦有之。是其言也,犹时女也。之人也,之德也,将旁礴万物以为一,世蕲乎乱,孰弊弊焉以天下为事!之人也,物莫之伤,大浸稽天而不溺,大旱金石流、土山焦而不热。是其尘垢秕糠,将犹陶铸尧舜者也。孰肯以物为事!"宋人资章甫而适越,越人断发文身,无所用之。尧治天下之民,平海内之政,往见四子藐姑射之山,汾水之阳,窅然丧其天下焉。(《庄子·逍遥游》)

冰雪处子,寓意神人的绰约高洁,纯粹不染,神人乘天地之正、御六气之辩、游乎四海之外而非四海之内，逍遥乎无穷，孰肯以物为事？对天下可谓不屑一顾。在其眼里，三皇五帝不过尘垢秕糠，不过屎尿腐鼠而已，而已。天下对于神人，一如章甫之于越人，无所用之，屁用没有。

但，藐姑射之山与天下的对立，不是是非两立的对立、对待。天下没有资格与神人、与逍遥游者、与纯粹哲学对立、对待，因为前者有待，而后者无待。尧舜及其天下所仅有的资格，是自我超越，是有待者自我超越于无待，是天下政治自我超越于无己之纯粹哲学、之思。有待与无待的区别，乃在于物与物物的区别，在有用与无用（之用）的区别，在有（为）与无（为）的区别。

神人何谓？之德也，将旁礴万物以为一，其神凝，使物不疵疠而年谷熟。神人者，造物者也。何以造物？凭其纯粹、自然处子之身，而为天地万物之"始"，老子"无名天地之始"的"始"。如何造物？其神凝，以其纯粹自由绝对自发性的精神，彼其充实不可以已的精神。有了这自由的精神，造天造地生生不息的精神，君子务本，本立而道生，孰弊弊焉以天下为事！尧"窅然丧其天下"也就没什么奇怪的了。

关键在于，纯粹自由的精神，作为物物者，其所表达出来的对物的超然超越态度，不应该被理解为对物的歪曲、毁灭、否定和击碎，而应该理解为对物的引导、拯救和奠基。物应该是物物的产物、嫡亲、所爱，如果物能够（被）自觉于、归属于、复反于、导向物物的话。这需要穿越日常世俗经验的觉悟，需要生命的澄明与发现。巴塔耶借助普鲁斯特的《追忆似水年华·女囚》,道出了这层奥义。

"……我想到,在巴尔贝克也好,在巴黎也罢,我认识阿尔贝蒂娜虽有多年,但直到最近才发现,我的女友有一种特殊的美。她虽然发生了诸多的变化,但是已经流逝的时日却多少仍保留在她身上。对我来说,这种美是一种令人心碎的东西。在这张泛着红晕的脸庞后面,我感到蕴藏着一个万丈深渊,蕴藏着我还未认识阿尔贝蒂娜以前那些无止境的夜晚。我虽然可以让阿尔贝蒂娜坐在自己的膝上,双手捧住她的脸,可以在她的身上随意抚摸。但是,我手中仿佛在摆弄着一块含着远古海洋盐矿的石块,或者是一颗星辰的光芒。我感到,我触摸到的,只是一个生物体封闭的外壳,而生物在其壳内却可以四通八达,大自然只是创造了身体的分隔,却没有想到使灵魂相互渗透的可能。由于大自然的疏忽,我们如今落到了这种境地,我为此多么痛苦!我把阿尔贝蒂娜藏在家里,前来拜访我的人谁都想不到,在走道尽头的房间里居然有她这个人存在。我把她藏得如此严密,犹如那瞒着众人,把中国公主封藏在瓶里的人一样。我曾经以为,这样阿尔贝蒂娜就成了一个美妙的囚徒,能让我的住处变得充实。我发现事实原来并非如此(她的身体虽然置于我的权力之下,但她的思想却逃脱了我的控制),她不如说像一个伟大的时间女神,冷酷而不由分说地迫使我去寻找过去。"(《女囚》II)在这个游戏中，年轻姑娘不就是远古以来人的贪欲必须抓住的东西。嫉妒这条窄路最终只通往未知。①

美的问题，爱的问题，情感问题，即人与他者的关系问题，被巴塔耶和普鲁斯特归结为对他者的权力和贪欲问题，对权力的贪欲，或者说权力的贪欲。权力本质上即是贪欲。而权力问题，本质上即物的问题，即对物的态度问题，即对物、对对象的私有占有问题，或者说人对物的权力问题。人的"物"论、"物"观，决定了权力的本质，决定了物的命运，同时也就决定了人自身的命运。"人是贪婪的，不得不贪婪，虽然他控诉贪婪。而贪婪只不过是一种被遵从的必然性"②，在这条贪婪无度的道路上，人类的奴役、罪恶与苦难没有止境，没有底线。

在这条道路上，人征服物，把物化为己有，占有、摄取它们，比如像对动、植物那样，这只是其中的一步。人本身变成他人的物，才产生了影响：奴隶变成了主人的物，主人就是君王，他脱离了人群，打破了人们之间的交流。君王对共同规则的违反开启了人的孤立，当人群已分崩离析，开始还偶尔能联合在一起，后来就永远不可能了。

---

① 乔治·巴塔耶：《内在经验》，程小牧译，生活·读书·新知三联书店，2019，第249~250页。
② 乔治·巴塔耶：《内在经验》，程小牧译，生活·读书·新知三联书店，2019，第239页。

主人占有俘虏或手无寸铁的奴隶，他甚至可以吃掉他们，这把人本身放到了对象物的行列，应该时不时地把他们献祭。这就是"占有"的必然性质（并非不合规律，和动、植物情况没什么差别）。另外，人们因交流的丧失而受苦，导致了君主孑然孤立的存在。他们必须消灭君主而不是奴隶，以确保所有人的共同性得以回归。对于人们来说，他们肯定觉得选择刀子比选择国王更有尊严。①

人类的贪欲和权力欲，必然导致人自身的物化，这种物化意味着人的自身奴役和王权专制。专制的政治权力是人与人之间自然和谐关系的终结者，独裁君王是天下之恶的化身与象征，人人可得而诛之！诛之，才能恢复人类的尊严。尧窅然丧其天下，说明他是有极高品位和超绝智慧之人，能够为了天下苍生而丧我无己之人，已经与神人至人圣人无异。

人对一切可被占有之物的占有绝不会止于无生命物……人的精神本身已经慢慢变成了物（变成了被占有的客体）。由于人的利益，全面的占有发生了，这与胃的占有是不同的。胃消化食物，但不消化自身。人的精神变成了自身的奴隶，通过自我消化的作用，人的精神被消耗、被奴役、被摧毁。人是他自己操控的机件中的

---

① 乔治·巴塔耶：《内在经验》，程小牧译，生活·读书·新知三联书店，2019，第 240~241 页。

一个，他在滥用自己，且不知道利害——最终所导致的结果是，任何有用的东西在他那里都不会存续。他什么都不是，更不是上帝，上帝不会退回到奴性。[1]

人类对他者、对物的占有欲望，终究把他者与自己，人与物，物体与精神，统统消费掉，毁灭掉。这种毁灭的终极表达是"上帝死了"。但，这个终极表达不过是人的自作多情而已，因为上帝永远在人的权力之外、之上，人没有权力让上帝去死。人的权力只能及于其"知"，而上帝永远意味着人的"知"的界限，意味着"非知""未知""不知""无知"，意味着"绝圣去智"。这人类物欲和知识之外的永恒者，不是对物与世界的否定者，而是对人类自身物欲、权力欲、占有欲的否定者和毁灭者。只有毁灭，才能把人从他的自我的永恒迷失中唤醒，并复归于自己生生不息的永恒天性和自然。

喊出"上帝死了"的尼采，并不是要毁灭上帝，而是要人的自我"毁灭"，即自我超越，并在这种自我超越中回归上帝——自然：

> 对自己作品满意的最高形式：——粉碎它，以便将它重新拼起来。对死亡、痛苦和毁灭的新的克服。（4.§648）

---

[1] 乔治·巴塔耶：《内在经验》，程小牧译，生活·读书·新知三联书店，2019，第241~242页。

> 人一旦完全成为人类，他将推动整个自然。（4. §649）①

尼采最后的思想，是要完成从个人的我到宇宙的我的转变，也就是解决让普鲁斯特痛苦不堪的问题。"我感到，我触摸到的，只是一个生物体封闭的外壳，而生物在其壳内却可以四通八达，大自然只是创造了身体的分隔，却没有想到使灵魂相互渗透的可能。"尼采和庄子一样，都企图打破个体封闭的外壳和身体的分割，让灵魂相互渗透和融通，让天地万物道通为一。"个体的个别化不应当造成迷惑——实际上在个体之间某些东西是畅通无阻的"（4. §647）。②

三

个体之间如何才能畅通无阻？庄子是通过游心于物之初，通过由物而物物，也就是通过无己、心斋而逍遥于自然之道而道通为一来实现的，尼采则是通过对个人的超越实现的。

> **主要思想！** 并非大自然迷惑我们个体，并通过对我们的欺骗促进其目的；而是这些个体按照个人的，即错误的标准编排所有此在；我们想由此变得有理，这样，

---

① 尼采：《重估一切价值》，维茨巴赫编，林笳译，华东师范大学出版社，2013，第1017页。
② 尼采：《重估一切价值》，维茨巴赫编，林笳译，华东师范大学出版社，2013，第1017页。

大自然就必然显现为骗子。实际上，世上没有**个人的真理**，而只有**个人的谬误**——个体本身是一个谬误。我们身上发生的一切，本来就是我们不知道的**某些别的东西**：我们将意图、蒙骗、道德硬塞进天性中。——但我做了区别：虚构的个人与真实的"生命体系"，每个生命体系都是我们当中的一员；——人们将两者合为一体，其实，个体只是意识到的感觉、判断和谬误的总和，只是一种**信念**，将真实生命体系中的一小块或许多小块想象和虚构在一起，只是一种经不起检验的"统一体"。我们是**一棵树上的花蕾**，——我们根本不知道自己根据树的利益有可能变成什么！但我们有一种意识，似乎我们愿意并且应当成为**一切**，一种"自我"和**所有**"非我"的幻想。**不要再感到自己是这种不真实的自我！逐步学习抛弃这种臆想的个体！发现自我的谬误！将个人主义看作谬误！不要将利他主义理解为是对立面！这或许是对其他臆想的个体的爱！不！超越"我"和"你"！要有宇宙的感受！**(4.§619)①

这应该是对个体、自我最为彻底的解构，是对"自我"与"非我"、个人主义与利他主义、"我"和"你"的超越。关于"个人"，只有谬误，没有真理。"个人"是一种幻想、虚构、假象、信念，"吾丧我""无己"是人接近真相的唯一

---

① 尼采：《重估一切价值》，维茨巴赫编，林笳译，华东师范大学出版社，2013，第 1011 页。

路径。人是需要超越的动物,这种超越乃是自我超越,超越到"宇宙的感受"中去,超越、回归到我们都是其花蕾的那棵生命之树上去,只有在那棵生命树上,"我"才能作为真实的生命体系而非虚构的个人而存在。

这宇宙的感觉和生命之树,正是普鲁斯特在那张泛着红晕的脸庞后面所感受到的万丈深渊、以前那些无止境的夜晚、那些无尽的难以追忆的似水年华。那是在女友的面孔上闪耀着的一种特殊的美,这种美是一种令人心碎的东西,一种让人痛苦不堪难以自拔的东西。你可以将美人占为己有,囚于深闺,玩弄于股掌之上,但她的美,她的灵魂,她的思想,她的情感,却离你而去,远远逃脱于你的一切"权力"之外。你所能占有的,仅仅是她的身体——而且仅仅是她此刻的身体,而不是她与你相遇之前那无止无境的夜晚的身体——她的灵魂,她生命本身那种无与伦比的特殊而令人心碎的美,你却只能扼腕兴嗟望洋兴叹,而不能一丝一毫地占有。

美,是一切欲望的终极目的,也是一切欲望的终极终结者。因为美蔑视一切权力,一切占有,一切欲望。美是一切苦难的制造者,也是一切苦难的终结者。美是永恒的女神,引导着个体自我毁灭和自我超越;她最钟爱的情人,将穿越对她的占有欲望,进入她的永恒本身,分有、分享而不是占有她那纯粹、无限、万丈深渊的理念,那是人所能有的关于她最自由的姿态,是享受的姿态,而不是占有的姿势,这是哲学给出的终极解脱之道,也是终极自由之道。美是你的生命存在本身,而不是你的对象、工具、利害之物。

列维纳斯给出的"享受"的姿态,正是庄子"观"的姿态。

> 天地有大美而不言,四时有明法而不议,万物有成理而不说。圣人者,原天地之美而达万物之理,是故至人无为,大圣不作,观于天地之谓也。今彼神明至精,与彼百化,物已死生方圆,莫知其根也。扁然而万物自古以固存。六合为巨,未离其内;秋豪为小,待之成体。天下莫不沉浮,终身不故;阴阳四时运行,各得其序。惛然若亡而存,油然不形而神,万物畜而不知。此之谓本根,可以观于天矣。(《庄子·知北游》)

道者,物物也,物也,天地万物之大美也,此美,"弘大而辟,深闳而肆","稠适而上遂","应于化而解于物,其理不竭,其来不蜕,芒乎昧乎,未之尽者"。能通达此美者,须独与天地精神往来而不敖倪于万物,不遣是非,以与世俗处。这意味着彼其充实不可以已的自由精神和自我超越的强力生命意志,这种自由不已的精神生命,不是占有物和他者,不是据之以为己有,并以之为谋取私利的工具,把阿尔贝蒂娜因为玩物的"我",为益车百乘而舐痔的曹商,欲以庄子为神龟的楚王,贪恋官位如嗜腐鼠的惠子,都是役于物而不能物物者,也就是把物、把他者仅仅视为"可用""可占有"之工具,而非视为目的本身者。作为目的的物或他者,是不可用的,无利害的,不能作为工具的,是在占有欲望的权力之外的鲜活的"物自身",这是作为物物的物自身,是物之为物的大美所在,是一个具体存在与作为其万丈深渊的存在本身之完美真实的一体之"生命体系",是生命之树上一个一个璀璨的娇艳花蕾。对于每一朵光芒璀璨的生命之花,我们不能"为",不能"作",只能"观"。"为"与"作"都是对象性、工具性、占有性、干扰性、奴役性的,是以物以他者为工具为奴,同时也是以自己为工具为奴。"观"则不然。"观"意味着对万物和他者面孔的仰视和尊重。观者如镜,不隐万物之形;观者如水,能一万物之形;观者如圣,无为不作,无己无功,能一万物之情。能一万物之情者,物物者也。何谓物物?即认识到物之自生自化自本自根之神圣性,也就是认识到"彼其物无穷""彼其物无测",即让物以自身的方式存在,存在于其自身的存在之中,即以物"观"物,即"观"物于其无穷、无测的存在自身,"观""赏"其在生命之树、自然之道上令人心碎的特殊的美。

四

尧让天下于许由,窅然丧其天下,正是他"观于天地之谓也",是他洞察天地之大美、生命之大道的自然结果。

> 尧让天下于许由,曰:"日月出矣,而爝火不息,其于光也,不亦难乎!时雨降矣,而犹浸灌,其于泽也,不亦劳乎!夫子立而天下治,而我犹尸之,吾自视缺然,

请致天下。"许由曰:"子治天下,天下既已治也,而我犹代子,吾将为名乎?名者,实之宾也,吾将为宾乎?鹪鹩巢于深林,不过一枝;偃鼠饮河,不过满腹。归休乎君,予无所用天下为!庖人虽不治庖,尸祝不越樽俎而代之矣。"(《庄子·逍遥游》)

这是人类历史上最为经典的纯粹哲学和政治哲学对话。将欲全有必反于无,万物芸芸各复其根,乃是道家思想的要义,尧将这一思想充分体现出来。尧作为古史所谓最伟大的帝王,已治天下之民,平海内之政,而自视缺然,于是"请致天下"于至人许由,寓意将天下政治复归于自然之道,植根于无己自由之精神。而至人之自由精神,充实不已,无所用天下为,就像断发文身的越人无所用章甫一样。天下公器,不是任何人可以占有、可以把玩、可以使用之物,用之者害天下、亡天下,害天下者害人害己。生命是一棵"无所可用"的参天大树,树之于无何有之乡,广莫之野,彷徨乎无为其侧,逍遥乎寝卧其下,不夭斤斧,物无害者,无所可用,安所困苦哉!逍遥至人,寝卧大地,置身自然,同于大通,自视无异于鹪鹩偃鼠,巢于深林不过一枝,饮河不过满腹,自主、自足、自由、自在、自然,何用天下?天下何用?

尧欲归爝火于日月、复浸灌于时雨、导物于物物、还天下于自然,许由则以物观物、以天下观天下、自然而然,绝不越俎代庖。尧与许由,天下之王与圣人之道,一体两面,通而为一。

庄子这则寓言，大有深意。神人虽可以尧舜为尘垢秕糠，但在许由眼中，尧的天下得到了充分的肯定。许由不接受尧之让天下，不是不肯以物为事、以天下为事，而是坚持不越俎代庖，坚持各司其职的天下秩序。许由的这种坚持，是对天下秩序的坚持，更是对立天下秩序于自然之道的坚持。尧舜这样的帝王，应该"尸"天下，也就是主持天下、"治"天下，就像庖人应该治庖；而许由有自己的工作要做，那就是做天下的"尸祝"，无为而尸，端坐如尸，让天下人来祭拜，而炮制祭祀时所用的酒与肉，是尧舜帝王们这些天下庖人的工作。在此，庄子构筑的是一个理想国，一个理想的天下秩序。从鲲鹏，到蜩与学鸠斥鷃，到朝菌与蟪蛄，到冥灵大椿彭祖，一起构成小大之辩的自然秩序，在这个秩序中，郭象找到了自己的哲学："夫小大虽殊，而放于自得之场，则物任其性，事称其能，各当其分，逍遥一也，岂容胜负于其间哉！"[1]

实际上，庄子在此还揭示了与这个自然秩序相应的另外一种秩序，我们可以称为人间的政治秩序。这个秩序，从知效一官行比一乡，到德合一君而征一国者，到圣君帝王，到定乎内外之分、辩乎荣辱之境的宋荣子，再到御风而行的列子，再到乘天地之正、御六气之辩以游无穷的无待至人，这是一个以有待无待而差别、渐入逍遥的良序社会，是一个完

---

[1] （晋）郭象注，（唐）成玄英疏《庄子注疏》，曹础基、黄兰发点校，中华书局，2011，第2页。

备的社会结构，在其中，每一个角色都各司其职，各当其分，有机配合。郭象将这个世界理解为万物平等而自在，逍遥一也，岂容胜负于其间哉！

至于这种政治秩序是平等，还是差序，可以另说，但其逍遥本性却不容置疑，或者说这个完备的社会政治秩序，是以自然逍遥为本性的，其关键在于以神人的纯洁和至人的无己为天下最高的权力和主宰，或者说，将天下的权柄交给纯洁、自由、逍遥的精神。换言之，作为天下最高精神权力化身的神人至人，乃自我克服超越的"无己"精神，而作为最高政治权力化身的尧舜，须"窅然丧其天下"之权柄。这类似于一种虚君政治，把天下的权力自我阉割、悬置掉，藏天下于天下，还天下于天下，任何人都不能"为"天下、私天下，都不能以天下为工具，为可占有之物。换言之，天下万物皆目的，而非工具，这种天下万物的目的本性，原于一，本于道。

《天下》将这种道术的纯粹与完备更为清晰地澄显出来。

> 古之所谓道术者，果恶乎在？曰："无乎不在。"曰："神何由降？明何由出？""圣有所生，王有所成，皆原于一。"不离于宗，谓之天人；不离于精，谓之神人；不离于真，谓之至人。以天为宗，以德为本，以道为门，兆于变化，谓之圣人；以仁为恩，以义为理，以礼为行，以乐为和，薰然慈仁，谓之君子；以法为分，以名为表，以参为验，以稽为决，其数一二三四是也，

百官以此相齿；以事为常，以衣食为主，蕃息畜藏，老弱孤寡为意，皆有以养，民之理也。古之人其备乎！配神明，醇天地，育万物，和天下，泽及百姓，明于本数，系于末度，六通四辟，小大精粗，其运无乎不在。……天下大乱，贤圣不明，道德不一。天下多得一察焉以自好。譬如耳目鼻口，皆有所明，不能相通。犹百家众技也，皆有所长，时有所用。虽然，不该不遍，一曲之士也。判天地之美，析万物之理，察古人之全，寡能备于天地之美，称神明之容。是故内圣外王之道，暗而不明，郁而不发，天下之人各为其所欲焉以自为方。悲夫，百家往而不反，必不合矣！后世之学者，不幸不见天地之纯，古人之大体，道术将为天下裂。（《庄子·天下》）

完备的政治秩序如何构成，内圣外王之道如何可能，天人之际如何可能，这是庄子哲学的核心关切。神、明、圣、王，皆原于一；天人、神人、至人、圣人、君子、百官相齿；配神明，醇天地，育万物，和天下，泽及百姓，明于本数，系于末度，六通四辟，小大精粗，其运无乎不在，"古之人其备乎！"这种完备的秩序，通乎天人之际，备于天地之美，称于神明之容，成就的是内圣外王之道。这是庄子的哲学理想国和政治乌托邦，是其道德哲学、政治哲学、精神哲学、纯粹哲学的最后归宿。

庄子生逢乱世，天地之纯暗而不明，百家之学往而不反，症结何在？在于"天下之人各为其所欲焉以自为方"。"欲"

者何谓？物欲也，占有欲也，权力欲也，物而不能物物者也，苦乐其性而不能安其性命之情者也，不能"在宥"者也。

五

"庄子'在宥'乃最彻底之自由思想，实亦最纯粹之自由思想"①，萧公权此言，道出了庄子《在宥》的重要性。但萧氏以在宥为庄子政术而非道术，则值得商榷。

在宥何谓？在，存在，自在；宥，宽容，任由，自由。在宥者，自由、自然地存在。在宥，是庄子为天下大乱对症下的一剂旷世良药。"天下脊脊大乱，罪在撄人心。"人心二字，成为在宥的支点。人心何以被撄？使其好恶、苦乐其性也。

> 昔尧之治天下也，使天下欣欣焉人乐其性，是不恬也；桀之治天下也，使天下瘁瘁焉人苦其性，是不愉也。夫不恬不愉，非德也。非德也而可长久者，天下无之。（《庄子·在宥》）

何以使天下苦乐？淫天下之性、迁天下之德所致，掌权者撄扰人心所致。庄子对人心有深刻的洞察："其寐也魂交，其觉也形开。与接为构，日以心斗"（《庄子·齐物论》）。"人心排下而进上，上下囚杀，淖约柔乎刚强。廉刿雕琢，

---

① 萧公权：《中国政治思想史》，新星出版社，2010，第125页。

其热焦火,其寒凝冰。其疾俯仰之间而再抚四海之外。其居也,渊而静;其动也,县而天。偾骄而不可系者,其唯人心乎!"(《庄子·在宥》)人心难测,乃无底深渊。自黄帝至儒墨,皆以仁义道德撄乱人心,使其欲火熊熊,欣欣焉瘁瘁焉苦乐不堪。在宥之方,要在"心养",即以无为、无己,绝圣弃知,悬置圣王之权柄,平复人心之喧嚣。

> 云将曰:"吾遇天难,愿闻一言。"鸿蒙曰:"噫,心养。汝徒处无为,而物自化。堕尔形体,吐尔聪明,伦与物忘,大同乎涬溟,解心释神,莫然无魂。万物云云,各复其根,各复其根而不知;浑浑沌沌,终身不离;若彼知之,乃是离之。无问其名,无窥其情,物固自生。"(《庄子·在宥》)

"若彼知之,乃是离之",是理解和达致心养的关键。仁义之知,知是知非,知善知恶,是人心大乱的根本。知的本质,是把物,把他者,把天下,视为对象,视为可占有的对象,这是"道之所以亏,爱之所以成"的根本原因。弃知,弃的是物欲是非,弃的是以物为物的占有欲、权力欲。故,知的根本是"抓住",是"占有",是"掌控",是对生命和资源的无节制"消费"与"消耗",是对物对他者的私己化和奴役化,而这种对物、对他者的奴役化同时意味着自身的奴役化。这是役于物而不能物物,是"使"然,而非"自"然。占有是一种快感,"他只有在占有一个客体时才能得到快感。"但这不是真正的快感,而是物欲的苦乐之感,是得之则乐失之则苦的患得患失之感，不是自由、纯粹愉悦的情感。真正的快感，即自由的情感，和美本身一样，是永远在你的"权力"之外、之上的，是"知"不到、"抓"不住的：

> 他只有在确定地占有一个客体时才能得到快感。但我们与周围事物——比如一排树、一间洒满阳光的大厅——发生密切交流的这些时刻本身是抓不住的。只有在我们交流时、当我们漫无目的、无所用心时，我们才能得到快感。如果我们不再漫无目的，如果我们的注意力集中起来，我们也就不再能**交流**。当我们试图去理解快感、去抓住快感，它就逃离我们。[①]

巴塔耶所谓的交流，正是尼采所寻求的个体之间的畅通无阻，也是康德在判断力批判中所深思的美的情感的普遍可传达性。这是一种基于对对象性表象认知能力的超越而来的可能性，是自由的想象力与被悬置了概念权力的知性所创造的某种自由和谐的心灵游戏状态，这种心灵状态，是一种纯粹无利害的、非占有的、无知无识的、静观反思的、无所用心漫无目的却合目的性的、普遍可传达的自由愉悦情感。这种美的自由情感，是自由、自主、自然、在宥，而非被尧之权力或桀之权力欣欣焉瘁瘁焉"使然""治然"。

[①] 乔治·巴塔耶：《内在经验》，程小牧译，生活·读书·新知三联书店，2019，第 252~253 页。

情感的本质是自由、自然、在宥，这种自律的自由恬愉之情，根本区别于被各种政治权力和欲望权力所外在决定的他律性、不自然、不自由、不得在宥的苦乐情感。立足于自由情感的道德，是出乎自然人性的道德，立足于自由情感的天下，是出乎自然人性的天下，是逍遥自在的天下；反之，则撄人心乱天下，"殊死者相枕也，桁杨者相推也，刑戮者相望也"，无论苦乐，都无异于人间地狱。

"闻在宥天下，不闻治天下也"，《在宥》开宗明义，将古今政治哲学的至上理念一语道尽。这是逍遥与权力的区别，是享受与占有的区别，是自由与奴役的区别。而这一区别的关键，在"观"与"知"的区别。《知北游》是关于"知"的寓言，对"知"的解构与反思极为深邃。"知者不言，言者不知，故圣人行不言之教。"圣人的不言之教，一如许由的尸祝而不越俎代庖。尸祝者无用、无为、无作、无言、无心、无知，但"观"而已："天地有大美而不言，四时有明法而不议，万物有成理而不说。圣人者，原天地之美而达万物之理。是故至人无为，大圣不作，观于天地之谓也。"

以"观"代"知"，算得上人类哲学最深刻的洞见。君子如果不得已而临莅天下，无他，唯"观"而已，"观"于天地足矣。"观"者，如许由那样尸居也。不过，这尸居，不等于死居，而是天下安其性命之情的生生之本源，像尼采所寄情的互补性哲人一样，是一切存在的辩护者，是万物的"神凝"者，是天下真正自由的创造者。

故君子不得已而临莅天下，莫若无为。无为也，而后安其性命之情。故贵以身于为天下，则可以托天下；爱以身于为天下，则可以寄天下。故君子苟能无解其五藏，无擢其聪明，尸居而龙见，渊默而雷声，神动而天随，从容无为而万物炊累焉，吾又何暇治天下哉！（《庄子·在宥》）

六

由至人的尸居和献祭，可以在中西会通的视域中，引出庄子与尼采之间的又一场深度对话。这关乎宗教哲学的核心关切，关乎政治哲学的核心关切，关乎哲学之为哲学的本质。

宗教的残酷犹如一架天梯，它有许多的档次，其中至为重要者有三。从前以活人祭神，而且可能奉献的就是自己的至爱……之后，在人类的道德时期，人们奉献给神的是他们拥有的最强大本能，是自己的"自然天性"（Natur）；**这种**节日的欢乐在苦行僧和狂热的"反自然天性者"残忍的目光中闪烁。最后：还剩下什么可以奉献的？人们是否最终要献上一切慰藉，一切神圣的、起死回生的东西，一切希望，一切对隐匿着的和谐、对未来的幸福和公正的信仰？是否必须将神本身也当作祭品，并且出于对自己的残忍，在顽石、愚蠢、艰难、宿

命和虚无面前顶礼膜拜？将神献给虚无——（§55）①

在宗教的残酷天梯上，呈现的是宗教的献祭史，也是人性的自我献祭历程。当人把人和物视为可以占有的对象时，虔敬性与其残忍性是同步的，他们会把人，把至爱，作为物品，作为祭品，作为表达虔敬的工具牺牲掉。虔敬的更高境界，也就是献祭与牺牲的更高境界，是把自己，把自己的自然天性，当成物品，当成祭品，当成虔敬的工具，自我牺牲掉。这种自我人性的工具化和毁灭，与庄子的"虚己""无己""吾丧我"根本不同，前者是主体和生命的毁灭，后者是自我的超越和对自然本性的强力回归。宗教虔敬的最高境界，是"上帝死了"，上帝及其所代表的一切神圣的价值、幸福、公正、希望和信仰，被当成物品，当成祭品，当成虔敬的工具，统统牺牲掉，将神献给虚无！

宗教虔敬亦即宗教残酷的终极归宿，是人类的虚无命运，这种虚无命运，不来自神，而来自人自己，是人的信仰的自我虚无，与神无干。

宗教残酷的天梯，与天下残酷的天梯是同步相应的。"治天下"者，以天下苍生为工具而非目的，无论欣欣焉还是瘁瘁焉，人都是祭品，都是物而非物物，于是，人性的遮蔽、丧失和戕害乃是基调和常态。最后的结局自然是天地之纯、内圣外王之道，暗而不明，郁而不发，道术将为天下裂。

---

① 尼采：《善恶的彼岸》，魏育青等译，华东师范大学出版社，2016，第79~80页。译文略有修改。

> 夫有土者，有大物也。有大物者，不可以物，物而不物，故能物物。明乎物物者之非物也，岂独治天下百姓而已哉！出入六合，游乎九州，独往独来，是谓独有。独有之人，是谓至贵。（《庄子·在宥》）

庄子的至人神人圣人们，也需要献祭，而尸居以游无端、逍遥乎寝卧于大地的至人们所需要的祭品，不是别的，正是安其性命之情的"在宥"。众神无己无为而"在宥"，天下苍生心养自化而"在宥"。天地之间，人神共享的唯一的"祭品"，就是各自归根复命，回复自己自然天性和自由情感的"在宥"。"在宥"者，不是"有有"，而是"有'无'"，无所占有，而能享有、享受并滋养万有，而能为"天地之友"，为天地之精神。

"在宥"道出了"物物"之精神：物物者，即让物**作为物自身**而存在，而在宥。这意味着，在你与物与他者之间有一道不可跨越的红线！每一个存在，都永远在你的知、你的欲望、你的权力、你的把握之外和之上，你永远无权占有，而只能"观"，只能赏，只能尊重，因为一切在宥者都是物物之道的化身和"现象"，都具有不可侵犯的神圣性。物物之在宥，启示的是自然的精神，也是自由而高贵的精神。

天下乃是目的，而非工具，就像思乃是目的，而非工具。天下之自由高贵，来自思之自由高贵。

图书在版编目(CIP)数据

庄子哲学沉思：自由儒学奠基 / 赵广明著. -- 北京：社会科学文献出版社，2022.6（2023.8 重印）
ISBN 978-7-5201-9847-9

Ⅰ.①庄⋯ Ⅱ.①赵⋯ Ⅲ.①庄周（约前369-前286）-哲学思想-研究 Ⅳ.①B223.55

中国版本图书馆 CIP 数据核字（2022）第 039450 号

庄子哲学沉思
——自由儒学奠基

著　　者 / 赵广明

出 版 人 / 王利民
责任编辑 / 范　迎
责任印制 / 王京美

出　　版 / 社会科学文献出版社·人文分社（010）59367215
　　　　　地址：北京市北三环中路甲29号院华龙大厦　邮编：100029
　　　　　网址：www.ssap.com.cn
发　　行 / 社会科学文献出版社（010）59367028
印　　装 / 三河市东方印刷有限公司

规　　格 / 开　本：889mm × 1194mm　1/32
　　　　　印　张：8.75　字　数：178千字
版　　次 / 2022年6月第1版　2023年8月第4次印刷
书　　号 / ISBN 978-7-5201-9847-9
定　　价 / 98.00元

读者服务电话：4008918866

版权所有 翻印必究